Yevgeny Yevtushenko • Евгений Евтушенко

# PRE–MORNING

·

# ПРЕДУТРО

## A New Book of Poetry
## in English and Russian

Edited by Albert C. Todd

Vestnik Information Agency
Baltimore, U.S.A.

Yevgeny Yevtushenko / Евгений Евтушенко
**Pre-Morning / Предутро**
A New Book of Poetry in English and Russian
Editted by Albert C. Todd
Copyright © 1995 by Yevgeny Yevtushenko
Photo by A. Lloyd (front cover), A. Perry (back cover)

Published by Vestnik Information Agency, Inc.
6100 Park Heights Ave., Baltimore, MD 21215-3624, U.S.A.
tel. (410) 358-0900, fax (410) 358-3867

Library of Congress Catalog Card Number: 95-61263
**ISBN 1-885563-04-3**

# Editor's Introduction

There is a long list of books of translations of Yevgeny Yevtushenko's poetry in English including *The Collected Poems 1952–1990*. This is the first new collection since that volume came out in 1991. In the intervening years he completed his second film "Stalin's Funeral" as well a partially-autobiographical novel *Don't Die Before Your Death* that has been a best-seller in Russia and is about to appear in the U.S. in English. This present volume reports a fundamental fact of his life that, no matter what else may be happening, he is never far from poetry. These are the author's selection of his most recent poems balanced with a number of others from the past that have not been previously translated. This is also one of the very few bilingual (Russian-English facing pages) editions of his poetry and the first in many years. Readers of both languages will be struck by the range of translation modes from the almost literal without rhyme to the rhymed and still faithful to as much of the meaning as possible. There are also a number of co-translations with the author whose knowledge of English is a powerful resource for inventiveness. Here they are quite new creations that use the original Russian only as a point of departure.

This small book also reminds us how close the poet remains to his roots. The first long poem that won for him national attention and great affection, "Zima Junction: A Poem" (1955), was about a return to his childhood Siberian home to touch roots with what he valued most, to re-orient himself in a time of national confusion and change (Stalin died in 1953). Every year that is possible Yevtushenko makes this same trip home to Zima Junction and Siberia. "Empty Swing," "Knotty-Pine Bench," and "Patchwork Quilt" are only the latest in a substantial group of poems linked to or based on experiences in Siberia and the search for values through the storms of Russia's tormented history.

Albert C. Todd

# Table of Contents • Содержание

## RECENT POEMS • НОВЫЕ СТИХИ

## EARLY POEMS (First time translated)
## СТИХИ ПРОШЛЫХ ЛЕТ (Первый перевод на английский)

## AFTERWORD · ПОСЛЕСЛОВИЕ

# PRE-MORNING

*To my dear friends Robin and Geoff*

I love it when pale stars are smoldering
but you could blow them out with the breath of a child,
and the world on tiptoes enters into morning,
into morning which does not yet exist.

I love pre-morning much more than morning,
when, tickled by golden mosquitoes,
pines, pierced by sunrays,
are trying to kiss the hem of the sky.

I love it in the forest while I'm jogging
under the voices of half-awakened birds
to see how on the lilac caps of newborn mushrooms
newborn dew is trembling.

It's awkward to be happy in the presence of others.
There is a cunning custom to hide your happiness,
but let me be happy in pre-morning,
because after the real morning
all unhappiness will wake up.

I'm happy that my life is in between legends and gossip,
but anyway it's not myth it's a risky impudent legend.
I'm happy that God gave me neither jealousy nor hatred,
that I am not stuck in the mud and not trampled into dust.

I am happy that sometime I will be the ancestor
of my grandsons, who were not born in a cage.
I am happy that I was betrayed and slandered
because they roar only at the alive and not at the dead.

I am happy with the love of friends and women.
Their faces are icons under my skin.
I am happy that I was church-wed with a Russian girl,
who deserved to close my eyes.

# ПРЕДУТРО

*Моим дорогим друзьям — Робин и Джеффу*

Люблю, когда звездочки все еще тлеют,
но можно их детским дыханьем задуть,
а мир постепенно утреет, утреет,
хотя не мудреет при этом ничуть.

Я больше, чем утро, люблю поутренье
когда, мошкару, золотую меся,
лучами пронизанные деревья
на цыпочках приподнимаются.

Люблю, когда в соснах во время пробежки
под полупроснувшихся птиц голоса
на шляпке сиреневой у сыроежки
по краешку вздрагивает роса.

Быть как-то неловко счастливым прилюдно.
Привычка скрывать свое счастье хитра,
но дайте счастливым побыть хоть под утро,
хотя все несчастья начнутся с утра.

Я счастлив, что жизнь моя вроде бы небыль,
а все же веселая дерзкая быль,
что Бог мне ни злобы, ни зависти не дал,
что в грязь я не влип, и не втоптан был в пыль.

Я счастлив, что буду когда-нибудь предком
уже не по клеткам рожденных внучат.
Я счастлив, что был оклеветан и предан -
ведь лишь на живых, а не мертвых рычат.

Я счастлив любовью товарищей, женщин.
Их образы — это мои образа.
Я счастлив, что с девочкой русской обвенчан,
достойной того, чтоб закрыть мне глаза.

To love Russia is the unhappiest happiness.
I am stitched to her with my own veins.
I love Russia, but not her rulers.
I would like to love them but, sorry, I feel nauseous.

I love our globe, green with a blue forehead —
our spinning top with its bleeding childish cheeks.
I also spin easily. I'll die, not from hatred,
but from love, just impossible for one heart.

I didn't live an irreproachable life, not always wise,
but you will remember with your unpaid guilt
a boy with eyes full of pre-morning,
pre-morning of a freedom much better than freedom of day.

I am a most imperfect creation,
but choosing my most beloved instance — pre-morning,
God will create again before the birth of day
pines pierced by sunrays,
and myself, pierced by love.

1995

*Translated by Geoffrey Dutton with the author*

Россию любить — разнесчастное счастье.
К ней жилами собственными пришит.
Россию люблю, а вот все ее власти
хотел бы любить, но — простите — тошнит.

Люблю я зелененький, голуболобый
наш глобус — волчок со щеками в крови.
Я сам заводной. Я умру не от злобы,
а от непосильной для сердца любви.

Я жить не сумел безупречно, премудро,
но вспомните вы с неоплатной виной
мальчишку с глазами, где было предутро
свободы светающей — лучше дневной.

Я — несовершеннейшее творенье,
но, выбрав любимый мой час — поутренье,
Бог вновь сотворит до рождения дня
лучами пронизанные деревья,
любовью пронизанного меня.

1995

## I LOVE YOU
## MORE THAN NATURE

I love you more than nature,
because you are nature itself.
I love you more than freedom,
because without you freedom is prison.

I love you incautiously,
like an abyss — not a groove.
I love you more than possible,
and more than impossible too.

I love you timelessly, tirelessly
even being drunk, being rude.
I love you more than myself
I love you more than only you.

I love you more than Shakespeare;
more than all bookish wisdom
even more than all music,
because you are music and book.

I love you more than glory of fame, —
even glory of future times.
I love you more than my Motherland,
because my Motherland is you.

Are you unhappy? About what do you complain?
Don't bother God with your prayers and petitions.
I love you more than happiness,
I love you more than love.

1995

*Translated by Gay Hoaglund with the author*

## Я ЛЮБЛЮ ТЕБЯ
## БОЛЬШЕ ПРИРОДЫ

Я люблю тебя больше природы,
ибо ты, как природа сама.
Я люблю тебя больше свободы —
без тебя и свобода — тюрьма.

Я люблю тебя неосторожно,
словно пропасть, а не колею.
Я люблю тебя больше, чем можно —
больше, чем невозможно, люблю.

Я люблю безоглядно, бессрочно,
даже пьянствуя, даже грубя,
и уж больше себя — это точно! —
даже больше, чем просто тебя.

Я люблю тебя больше Шекспира,
больше всей на земле красоты, —
даже больше всей музыки мира,
ибо книга и музыка — ты.

Я люблю тебя больше, чем славу,
даже в будущие времена,
чем заржавленную державу,
ибо Родина — ты, не она.

Ты несчастна? Ты просишь участья?
Бога просьбами ты не гневи.
Я люблю тебя больше счастья.
Я люблю тебя больше любви.

1995

# EASTER KISS

When you hide your eyes,
something happens between you and me,
like the invisible touch of your lips
in the spring after Easter service.
When you come through the wind
                  in your splashing dress,
both your knees are
                  shamelessly shy,
as you climb trapezes,
                    hurrying to me
into the cupola,
               where I am waiting.
And we walk to each other
             on the icy high-wire step by step...
There is no safety-line.
                 Only a circus around,
and the ancient smell of the Roman Empire —
there is blood on the sand,
               Where is yours, where is mine?
Your crazy skirt murmurs something passionate
with the tide of it's shimmered ruffles.
You imagine yourself taking off everything,
but your nervous fingers check buttons.
Words are prisoners of your lips.
Don't seduce your jailer — your fear,
Probably, we could not forget
only happiness
              that didn't happen.

1995

*Translated by the author*

## ПАСХАЛЬНЫЙ ПОЦЕЛУЙ

Когда глаза вы опускаете,
то происходит напряженно
прикосновение пасхальное
двух губ — но лишь воображенно.

Вы в платье плещущем, трепещущем,
а говорите строго, скупо,
но мысленно вы по трапециям
взбираетесь ко мне под купол.

Мы с вами сблизиться не пробовали,
и лишь во сне, раскинув руки,
друг к другу движемся по проволоке —
как будто по замерзшей струйке.

На ниточке, покрытой наледью,
вы шепчете так неотважно:
"но вы же ничего не знаете
про жизнь мою, а я про вашу".

Лепечет платье что-то страстное
сошедшими с ума оборками.
Воображенье платье сбрасывает,
а руки край его одергивают.

В нас так убийственно заложена
спасительная осторожность,
и замирает замороженно
любви великая возможность.

Но обручает нас заранее,
кто знает, — может быть, до гроба
почти открытое скрывание
того, чего боимся оба.

Слова неловко запинаются.
Душа давно так не дичилась.
Но, может быть, не забывается
лишь то, что, к счастью, не случилось.

1984

# GATE BELL

The gate bell began to ring by itself,
either bored or soaked through,
or afraid of the thunder,
or longing for warm human fingers.

I tossed and turned and finally got up.
Probably my dead father is waiting at the gate,
unexpectedly deciding to pay me a visit
with eyes of the storm on the edge of his hat.

I leaped right from the porch into the lightning,
but I embraced not my father, only the storm.
And the thunder, crashing with heavy boots,
smelled of my father's cigarettes.

I lay down again, but the gate bell rang once more.
It didn't forgive me my sleepiness:
and jingling, jingling, jingling,
drove two rattlesnakes in my ears.

Perhaps all of my five sons
from different families had appeared.
The rain gently rocked in its arms
their unborn baby sister.

My children, your father is helpless like a child.
Why didn't you bring toys for him?
Do not torture me with questions how to live.
Shamefully, I have nothing to offer you.

My God, what bell rings surround me this day!
Their sounds are drilling into my backbone.
Perhaps at the gate, hopelessly ringing,
stand all the women who loved me.

## ЗВОНОК НА КАЛИТКЕ

Сам по себе зазвонил мой звонок.
То ли соскучился, то ли промок,
то ли в грозу испугался под гром
без человеческих пальцев на нем.

Я заворочался, встал наконец.
Может быть, ждет за калиткой отец,
вдруг в одночасье собравшийся к нам
в шляпе с глазами грозы по краям.

Прыгнул я в молнии прямо с крыльца,
только я обнял грозу — не отца.
Но и гроза, грохоча под хмельком,
пахла его папиросным дымком.

Снова прилег, но звонок зазвонил.
Мне он сонливости не извинил,
и дребезжа, дребезжа, дребезжа,
всаживал в каждое ухо ежа.

Может, явились из разных семей
все мои пятеро сыновей.
Их нерожденную крошку — сестру
ливень баюкал в руках на ветру.

Дети, отец ваш — дитя по уму.
Вы принесли бы подарки ему.
И не пытайте, как дальше вам жить.
Стыдно, но нечего вам предложить.

Боже, какие сегодня звонки.
Звуки их ввинчиваются в позвонки.
Может, стоят, безнадежно звоня,
женщины все, что любили меня.

Perhaps all of my dead friends
press the bell, rushing here for help,
in order not to permit me with my desperate look
to search on the ceiling for the life-saving hook.

Perhaps my dear colleagues, who betrayed me by chance,
are hinting that they would like to be invited for tea,
but from their pockets protrude bottles —
slippery, false peace-makers.

Perhaps at the gate you stand,
made of beauty and thunderstorm,
as if the lightning had painted you
on the canvas of the darkness.

The gate bell began to ring itself.
So it means I am still far from death,
if ahead of my mongrel dog
I race with hope to all those rings.

1993

*Translated by Albert C. Todd with the author*

Может, умершие кореша
давят на кнопку, на помощь спеша,
чтобы не вздумал я даже в тоске
взглядом выискивать крюк в потолке.

Может, предавшие невзначай
ночью напрашиваются на чай,
а из карманов бутылки блестят —
лжепримирительный русский наш яд.

Может, стоишь за калиткою ты
вся — из волнения и красоты,
будто бы молнией, как на холсте,
ты нарисована на темноте.

Сам по себе зазвонил мой звонок.
Значит, от смерти еще я далек,
если с дворнягой наперегонки
все же кидаюсь на эти звонки.

1993

## THERE ARE NO YEARS

*To S. Harris*

Hold your fears:
there are no years.
That is what grasshoppers chirp in reply
to our fears of aging.
And they drink dew
and get a little tipsy
hanging on stems
with little diamonds
on the tips of their tiny, snotty noses.
And each of them is a little green poet.

Hold your fears:
there are no years.
This is what a handful of planets
jingle like a handful of coins
in a cosmic pocket, full of holes.
This is what all endangered streetcars,
out–living their time,
roar with dusty tears,
roar with rusty gears:
"There are no years."

This is what a child's twig
is writing in the sand.
This is what a woman's lonely wig
whispers, longing for a tender hand.
This is what a tiny vein,
full of pain,
like a blue spring
throbs and wants to sing
on the transparent temple of my love,
while for her runaway fingers
longs her fallen glove.
Love again disappears and appears...
There are no years...

We lock ourselves in our old age
like in a rusty cage.
But scratch any old man
and you will find an impetuous child

# НЕТ ЛЕТ

*С.Харрис*

"Нет
        лет..."
вот что кузнечики стрекочут нам в ответ
на наши страхи постаренья
и пьют росу до исступленья,
вися на стеблях на весу
с алмазинками на носу,
и каждый —
                крохотный зелененький поэт.
"Нет
        лет..."
вот что звенит,
                как будто пригоршня монет,
в кармане космоса дырявом горсть планет,
вот что гремят, не унывая,
все недобитые трамваи,
вот что ребячий прутик пишет на песке,
вот что, как синяя пружиночка,
смеясь, настукивает жилочка
у засыпающей любимой на виске.
Нет
        лет...
Мы все,
        впадая сдуру в стадность,
себе придумываем старость,
но что за жизнь,
                когда она — самозапрет?
Копни любого старика
и в нем найдешь озорника,
а женщины немолодые —
все это —
        девочки седые,
их седина чиста, как яблоневый цвет.
Нет
        лет...
Есть только чудные и страшные мгновенья.
Не надо нас делить на поколенья.
Всепоколенийность —
                вот гениев секрет.

inside him playing hide-and-seek.
Scratch any old woman —
all of them are just
gray-haired girls.
To suspect they are old
is not right,
is just impolite.
Their gray hair is pure and light
as apple tree blossom.
Hold your fears —
there are no years!
Do not split us into generations.
Someone who is old, but young,
straddles time.
Right foot — in the past.
Left foot — in the future.
Something between them — in the present.
Someone who is old, but young,
plows the body of the beloved
like a peasant...
Isn't it pleasant?

Hold your fears:
There are no years —
this is the advice
of all green grasshoppers!

There is some not bad news!
Another life exists with charming views.
But what I want is a hundred lives
                in just one.
And, probably, it is already done?
I am not asleep
        with my unshaven, but not enough
                kissed cheeks,
and only an old chair
            creaks and creaks:
"Hold your fears —
there are no years."

1993

*Translated by the author with Nick Shaeffer*

Уронен Пушкиным дуэльный пистолет,
а дым из дула смерть не выдула
и Пушкина не выдала,
не разрешив ни умереть,
                              ни постареть.
Нет
        лет...
А как нам быть,
                    негениальным,
но все-таки многострадальным,
чтобы из шкафа,
                    неодет,
грозя оскалом тривиальным,
с угрюмым грохотом обвальным
не выпал собственный скелет?
Любить —
            быть вечным во мгновении.
Все те, кто любят, —
                        это гении.
Нет
        лет
для всех Ромео и Джульетт.
Есть
        весть
и не плохая,
                а благая,
что существует жизнь другая,
а я смеюсь,
                предполагая,
что сотня жизней не в другой,
                            а в этой есть,
и можно сотни раз расцвесть
                            и вновь расцвесть.
Нет
        лет...
Не сплю,
            хотя уже давно погас в квартире свет,
и лишь наскрипывает дряхлый табурет:
"Нет
        лет...
                нет
                    лет..."

28 июля 1992

# IT'S ME, MASHA

"It's me,
        Masha..."
I am whining like a dog,
        the door scraping again my run-over paw,
I, who broke so many hopes,
                so many promises,
finally broke myself.
It's me,
        children,
your good-for-nothing,
                but somehow your only father.
Pull me onto your fingers,
                like a puppet,
I am so empty.
                You can play with me.
I love you.
Save all my photographs where I am young..
        Tear up all those where I am old.
I always pretended
                that all of my life, I was only young,
and that's how I became old.
I'll remain
there, inside the photos, young and happy,
        despite being up to my ears in debt,
and my oldness,
        which shamelessly owes so much to my youth,
I will drag into a dark storeroom full of mice.
Well, I am ready to be a beggar on the church porch
if only I could get for you even one
        shiny, clinking coin!
If there will be more and more of me in my children,
I'm not afraid,
        there will be less and less of me in me.
But it's dishonest
to appear like a ghost at the door of your beloved widow
                in a blizzard or night rain.

## ЭТО Я, МАША

"Это я,
     Маша..." —
как собака скулю,
снова дверь перееханной лапой скребя,
столько дров,
          столько слов наломавший,
да и переломавший себя.
Это я,
    дети,
ваш, такой непутевый,
           а все же какой-никакой, а отец.
Вы на пальцы меня,
          словно куклу наденьте —
наиграйтесь отцом, наконец.
Я останусь
над кроватками вашими юный, счастливый,
хотя и в долгу, как в шелку,
а свою,
         задолжавшую до неприличия юности старость,
в очень черный чулан
           потихонечку уволоку.
Ну не биться мне лбом же!
Подамся хоть в бомжи,
лишь бы вам раздобыть
         хоть копеечку звонкого чистого дня!
Если будет меня в моих детях все больше,
мне не страшно,
       что будет все меньше меня.
Но нечестно,
если призраком стану являться к любимой
          в пургу и дожди.
Обещаю —
     я честно исчезну,
только замуж за честного парня и ты выходи!
Может, на золотые, с ресницами белыми, очи ромашек
свои синие, выцветшие
        сменю.

I honestly promise I will disappear,
but you must marry only an honest man.
Probably my colorless blue eyes
I'll switch for the golden eyes of chamomile flowers
                    with their white eyelashes.
"It's me,
        Masha. . ."
I'll whisper into the heels of your shoes
        and draw you into the chamomile field.
And I will whisper to my descendants
            in the twenty-first century,
when I will become the dark of night,
        sighing for some reason very deeply:
"It's me,
        children...
Did you brush your teeth?
        Now I'll read you a little fairytale..."

1994

*Translated by Albert C. Todd with the author*

"Это я,
        Маша..."
прошепчу твоим туфелькам я
                            и в ромашки тебя заманю.
И потомкам шепну в двадцать первом столетьи
став ночной темнотой,
                        почему-то вздыхающей глубоко:
"Это я,
        дети..."
Вы почистили зубы?
                    Я вам почитаю чуть-чуть на ушко..."

1994

## PRINCESS ON A PEA

Go to sleep,
   Princess on a pea,
looking at your dreams with enchantment.
And, perhaps,
   it was a pearl
that was put under your mattress.
Go to sleep,
   Princess on a pea.
Don't let yourself notice
that the imagined pain
became pain without asking.
Go to sleep,
   Princess on a pea,
not on feather-tick clouds,
but on knives,
   on slander,
on white-hot needles.
Let's agree for good
you are not alone,
    but you are with me.
Go to sleep,
   Princess on the pea,
that disturbs you like a tiny globe of the earth.

1991

*Translated by Albert C. Todd*

## ПРИНЦЕССА НА ГОРОШИНЕ

Усни,
     принцесса на горошине,
в сны очарованно всмотрясь.
А, может быть,
        была подброшена
жемчужина под твой матрас.
Усни,
     принцесса на горошине.
Себе заметить не позволь,
что болью стала так непрошенно
воображаемая боль.
Усни,
     принцесса на горошине,
не на перинах–облаках,
а на ножах,
        на оговорщине,
на раскаленных угольках.
Договоримся по-хорошему —
ты не одна,
       а ты со мной.
Усни,
     принцесса на горошине,
которой стал весь шар земной.

1991

# TWO LOVES

Whether all kisses wake up
                    burning on the lips,
or courtyards wave
                    sleeves of tearful wet shirts on the line,
warning me
            by the white night, teasingly naked,
from one love
            not to go after a second .
Whether it is too dark in the soul,
                            and too bright on the street,
or whether it is a white night,
                        or an angel's wing.
It is awful to live without love,
                        but it's worse when two loves
collide, like two ships
                    in the foggy night.
Two loves —
            whether a gift with dangerous abundance
or a misfortune that springs
                    like lightning at night through the window,
with a red-hot blade splitting the bed
                            in two parts,
burning like rubbish
                once priceless letters.
Two loves —
            whether love or war.
Two loves are impossible —
                    one will become a murderer.
Two loves,
        like two stones on your neck
                    will pull you down to the bottom.
I am afraid to fall in love again,
                because I already love,
                        and for a long time.

1994

*Translated by Vivian Parsons with the author*

## ДВЕ ЛЮБВИ

То ли все поцелуи проснулись,
      горя на губах,
то ли машут дворы
     рукавами плакучих рубах,
упреждая меня
     белой ночью, дразняще нагой,
от любви дорогой
     не ходить за любовью другой.
То ли слишком темно на душе,
      а на улице слишком светло,
то ли белая ночь,
     то ли ангельское крыло.
Страшно жить без любви,
      но страшнее когда две любви
вдруг столкнутся,
     как будто в тумане ночном корабли.
Две любви —
то ли это в подарок с опасным избытком дано,
то ли это беда
     прыгнет молнией ночью в окно,
рассекая кровать
     раскаленным клинком пополам,
драгоценные некогда письма
     сжигая, как хлам.
Две любви —
    то ли это любовь, то ли это война.
Две любви невозможны.
     Убийцею станет одна.
Две любви, как два камня,
     скорее утянут на дно.
Я боюсь полюбить,
    потому что люблю и давно.

Июнь 1994

# GOODBYE OUR RED FLAG

Goodbye our Red Flag.
You slipped down from the Kremlin roof
                not so proudly
                  not so adroitly
as you climbed many years ago
                on the destroyed Reichstag
smoking like Hitler's last fag.
Goodbye our Red Flag.
You were our brother and our enemy.
You were a soldier's comrade in trenches,
              you were the hope of all captive Europe,
but like a red curtain you concealed behind you
                  the Gulag
stuffed with frozen dead bodies.
Why did you do it,
           our Red Flag?
Goodbye our Red Flag.
        Lie down.
           Take a rest.
We will remember all the victims
deceived by your Red sweet murmur
that lured millions like sheep
           to the slaughterhouse.
But we will remember you
        because you too were
           no less deceived.
Goodbye our Red Flag.
        Were you just a romantic rag?
You are bloodied
      and with our blood we strip you
        from our souls.
That's why we can't scratch out
        the tears from our red eyes,
because you so wildly
      slapped our pupils
        with your heavy golden tassels.

# ПРОЩАЙ, НАШ КРАСНЫЙ ФЛАГ

Прощай, наш красный флаг...
                    С Кремля ты сполз не так,
как поднимался ты —
                    пробито,
                        гордо,
                            ловко
под наше "так-растак"
                    на тлеющий рейхстаг,
хотя шла и тогда
                вокруг древка мухлевка.
Прощай, наш красный флаг...
                    Ты был нам брат и враг.
Ты был дружком в окопе,
                    надеждой всей Европе,
но красной ширмой ты
                загородил Гулаг
и стольких бедолаг
                в тюремной драной робе.
Прощай, наш красный флаг...
                    Ты отдохни,
                        приляг,
а мы помянем всех,
                кто из могил не встанут.
Обманутых ты вел
                на бойню,
                    на помол
но и тебя помянут —
                ты был и сам обманут.
Прощай, наш красный флаг...
                    Ты не принес нам благ.
Ты с кровью, и тебя
                мы с кровью отдираем.
Вот почему сейчас
                не выдрать слез из глаз —
так зверски по зрачкам
                хлестнул ты алым краем.

Goodbye our Red Flag.
                    Our first step to freedom
we stupidly took
                    over your wounded silk,
and over ourselves,
                    divided by envy and hatred.
Hey crowd,
            do not trample again in the mud
the already cracked glasses
                    of Doctor Zhivago.
Goodby our Red Flag.
                    Pry open the fist
that imprisoned you
                    trying to wave you in Civil War,
when scoundrels try to grab
                    your standard again,
or just desperate people,
                    lining up for hope.
Goodbye our Red Flag.
You float into our dreams.
Now you are just
            a narrow red stripe
                    in our Russian Tricoleur.
In the innocent hands of whiteness,
in the innocent hands of blue
maybe even your red color
                    can be washed free of blood.
Goodbye our Red Flag.
                    Be careful, our Tricolor.
Watch out for the card sharks of flags
            lest they twist you around their fingers.
Could it be that you too
                    will have the same death sentence
                            as your red brother,
to be shot by foreign and our own bullets,
devouring like lead moths
                    your silk?

Прощай, наш красный флаг...
                    К свободе первый шаг
мы сделали в сердцах
                    по собственному флагу,
и по самим себе,
                    озлобленным в борьбе.
Не растоптать бы вновь
                    очкарика "Живагу".
Прощай, наш красный флаг...
                    Сам разожми кулак,
сжимающий тебя,
                    грозя братоубийством,
когда в древко твое
                    вцепляется жулье
или голодный люд,
                    запутанный витийством.
Прощай, наш красный флаг...
                    Ты отплываешь в сны,
оставшись полосой
                    в российском триколоре.
в руках у белизны,
                    а с ней голубизны,
быть может, красный цвет
                    отмоется от крови.
Прощай, наш красный флаг...
                    С наивных детских лет
играли в "красных" мы
                    и "белых" больно били.
Мы родились в стране,
                    которой больше нет,
но в Атлантиде той
                    мы были,
                         мы любили.
Лежит наш красный флаг
                    в Измайлове врастяг.
За доллары его
                    толкают наудачу.

Goodbye our Red Flag.
In our naive childhood
                        we played Red Army — White Army.
We were born in a country
                        that no longer exists.
But in that Atlantis we were alive,
                        we were loved.
You, our Red Flag, lay in a puddle
                        in a flea market.
Some hustlers sell you
                 for hard currency:
                              Dollars, Francs, Yen.
I didn't take the Tsar's Winter Palace.
                 I didn't storm Hitler's Reichstag.
I am not what you call a "Commie."
But I caress the Red Flag
                 and cry.

1992

*Translated by Albert C. Todd with the author*

Я Зимнего не брал.
                    Не штурмовал рейхстаг.
Я — не из "коммуняк".
                    Но глажу флаг и плачу...

1992

# HOBO-ANTHEM

You may grin sarcastically, dear friends,
but old anthems sometimes wander
                    through the airport in Frankfurt.

Listen carefully to my story how our prodigal Soviet anthem
appeared like a hobo with a begging cap in his hand.

Many songs of our past have died,
but our former anthem was scattered by the winds
                    like the ashes of an imposter.

Power no longer stands on Lenin's Mausoleum,
and a new wordless anthem,
                    has been given for us to bleat and moo.

There is no Red Marshal pompously mounted on a horse,
only the musical ghost of "the unbreakable Soviet Union"
                    wanders aimlessly about.

I, like a Chichikov of "dead songs" stand frozen
in the airport; my hot-dog with mustard, from fright,
                    bursts in my mouth.

A child of the former epoch, but not quite of this new one,
now mesmerized, I was dragged toward this former anthem.

Extinct as "Kazbek" cigarettes,
I am not only Russian but an unredeemed Soviet man.

Performed by three tipsy musicians in rags,
this former anthem wandered through the airport
                    like homeless "Muzak" music.

Their cynical blue eyes exhuded false saintliness,
torn between new humiliation and old arrogance.

# БРОДЯЧИЙ ГИМН

Вы насмешливо не фыркайте,
дорогие господа.
В аэропорту,
            во Франкфурте
бродят гимны иногда.

Отнеситесь вы по божески,
к тому, что здесь присел
с кепорком в руках,
                по-бомжески,
блудный гимн СССР.

Столько наших песен вымерло
в рупорах
            и во дворах.
Бывший гимн
            ветрами вымело,
как лжедмитриевый прах.

Власть уже не мавзолейная,
но не стал он дорогим
нам подсунутый для блеянья
бессловесный новый гимн.

Нету Клима Ворошилова
на кобыле войсковой,
но Союза нерушимого
бродит призрак звуковой.

Я,
        как мертвых песен Чичиков,
замер в аэропорту,
и сосиска нагорчиченная,
вздрогнув,
                лопнула во рту.

Из своей эпохи вырванный,
но, совсем не став другим,
будто загипнотизированный,
я пошел
            на бывший гимн.

Corroded cymbals, a crumpled sax, and a scraped doublebass
blared out the anthem as joyful as a folk dance.

Vasenka, the little lover of the fat doublebass,
took a sip of Kirchwasser from a brown paper bag
                              and chewed on his bow like an appetizer.

What part of Russia are you from, my brother-musicians?
                              It's not easy to guess.
The apples from our trees
                              have begun to fall far afield.

A beggar's cap, as a declaration of failed hopes,
was ceremoniously placed among everybody's suitcases.
Uncared-for, chewed up by time,
even the little button on the top of the cap
                              had flown away.

This pitiful great-grandson of Lenin's black cloth cap,
and grandson of Stalin's military cap,
waited under the marble staircase
                              for someone to give it money.

But, does it really have the right to beg,
considering what happened
                              to the Tsar's family in a cellar,
                              and to millions in the GULAG?

By not fully repenting we are not yet living humanly.
We broke up the state into little pieces
                              that now devour each other.

We have come to poverty, humiliated, yet still conceited.
Why should anyone give us alms or charity?

Я и сам —
          совместно вымерший
с папиросами «Казбек».
Я и сам —
          неисправимейший
СССР-ный человек.

Бывший гимн сегодня в странниках,
как бродяжья музычка,
как три пьяненьких
                    и рваненьких
музыкальных мужичка.

И сияют лживой святостью
их лазурные глаза,
и побитость с нагловатостью
раздирают их,
          грызя.

Инструменты очень простенькие
шпарят гимн, как перепляс:
медные тарелки с прозеленью,
мятый сакс
          да контрабас.

Контрабаса кореш — Васенька
хоть и выглядит сморчком,
из горла хлебнув "киршвассера",
закусил спьяна смычком.

Вы откуда,
          братцы-лабухи?
Нелегко угадывать.
С наших яблонь
          стали яблоки
далеко укатывать.

Декларацией увечности
возлежал он
          поперек
чемоданов человечества —
попрошайка-кепорок.

Thus our former anthem, no longer a citizen of any country,
with a passport of little value,
wanders about the world,
                         a onetime conqueror, now defeated.

Sighing, a penitent German tosses a few coins
into what only seems to be an innocent beggar's cap.

1995

*Translated by Bill Parsons and Albert C. Todd with the author*

Он,
      эпохой пережеванный,
был запущенный такой,
с очень давними прожженинками,
с отлетевшей "пупочкой".

Он под мраморною лестницей
денег ждал из чьих-то рук,
правнук жалкий
                    кепки ленинской,
сталинской фуражки внук.

Разве,
      требуя симпатии,
клянчить
            право он имел
за подвал в дому Ипатьевых,
за ГУЛАГ,
            за ИМЛ?!

Видно, от недораскаянья
мы живем не по-людски.
Мы державу нараскалывали
на кусачие куски.

И, униженно зазнайствуя,
мы до нищенства дошли.
Почему все в мире нации
милостыню нам должны?

С паспортом неубедительным,
и ничей не гражданин,
побежденным победителем
ходит — бродит бывший гимн.

И, вздыхая
            немец кающийся
двумя пальцами
                    швырок
совершает —
            в только кажущийся
непорочным —
                    кепорок...

1995, Франкфурт-на-Майне

# MONOLOG OF AN EFFIGY

When my charitable fellow-writers
                              were burning my effigy
and not poking my guts with their pocket-knives —
                                        thank God!
They wasted on me
                    their bottle of gasoline in vain,
because I had already
                    burnt myself down to ashes.
Inhaling the charming aroma of human shit
near the wooden outhouse,
                          I was minding
                              radishes, garlic and onions.
I had stuck up too long as a romantic scarecrow,
clumsily trying to embrace the world
                              with my stiff pine hands.
I was stuffed with straw.
                          I never noticed
how life was changing,
                    and how arrogantly sparrows were behaving.
I was burnt as punishment
                          because of my dangerous talent
for being so readily inflammable
                              in politics, and in love.
Only my charred framework was saved in the clouds of smoke,
but the fire couldn't altogether destroy my hands.
In the cinders of myself I was slowly dying,
But my black stumps
                    desperately wanted
                        to embrace, to embrace, to embrace.
And when one of my brother-writers struck another match,
I heard his envious whisper:
                    "Scarecrow, you wanted too much, my dear!
A great role in history
                    is not for you.
Trying to tower over the turnips and cabbages,
you pretended to be a genius."

## МОНОЛОГ ЧУЧЕЛА

Когда мое чучело жгли
                      милосердные братья-писатели,
слава Богу его не пыряя в живот
                      перочинным ножом,
на меня они зря
                      полбутылки бензина истратили,
поэтому что давно
                      сам собой я сожжен.
Я
   вдыхая дерьмо человечье,
                      не слишком ароматическое,
охранял в огородишке рядом с уборной
                      редиску и лук.
Я торчал слишком долго,
                      как чучело романтическое,
мир стараясь обнять неуклюже
                      распялками рук.
Был набит я соломой.
                      Я не замечал, как меняется
жизнь вокруг
         и как напичают воробьи.
Я сгорел в наказанье
                      за быструю воспламеняемость
и в политике,
         и в любви.
Уцелел только остов обугленный,
                      дымом окутанный,
но огонь мои руки
                      не сумел до конца обломать.
Я в золе от себя самого догорал,
                      и сожженными культями
все хотел обнимать, обнимать, обнимать.
И когда, дожигая меня,
                      чиркнуть спичкой собратьям приспичило,
я услышал завистливый злой шепоток палача:

And with my last, almost dead blue flame,
I sputtered like a torched fireman,
                    who couldn't save himself from the fire.
All my medals of honor
                    were melted like buttons.
If the Soviet Union were burnt down,
                    why couldn't they burn me?
And when so-called patriots
                    splashed the rest of the gas on my effigy,
and one nightingale from Army headquarters
                    sang sadistically through his nostrils,
one unembraceably humongous woman street cleaner
was sweeping up my ashes with her tender broom.
And all the saccharine ladies
                    and sleazy, vaselined intellectuals
were coolly observing
                    my last convulsions,
and some of my comrades-in-arms,
                    the noblest of my generation,
threw the finest oil onto the fire —
                    their greasy goodbye.
My beloved, what are you searching for
                    in the field of ashes?
My heart, if it survived after all,
was probably not empty, but still able to love,
not forgetting it too was loved.

1992

*Translated by Geoffrey Dutton and Albert Todd with the author*

"Ишь чего захотело ты, чучело,

                        ишь ты, чумичило.

Ты себя возвеличило слишком,

                        над редькой и репой торча..."

И я вспыхнул последним,

                        предсмертно синеющим пламенем,

как горящий пожарник,

                        который себя не сберег от огня.

Все мои ордена,

                        словно пуговицы расплавило.

Если СССР погорел,

                        почему бы не сжечь и меня?

И когда шовинюги

                        еще доплеснули бензина на чучело

и ноздрями запел сладострастно

                        генштабовский с оловей,

необъятная дворничиха —

                        женщина чуткая

подметала мой пепел

                        метлой задушевной своей.

А все дамочки сладенькие,

                        и все мальчики гаденькие

наблюдали за судорогами

                        последних гримас лица,

и подлили в огонь соратники —

                        благородные шестидесятники

на прощание

                        мас-ли-ца.

Что там на пепелище,

                        ты, любимая, ищешь —

может быть, мое сердце,

                        уцелевшее после всего?

Видно, что-то в нем было,

                        если сердце любило,

и оно не забыло,

                        как любили его.

1992

# THE SECOND CIVIL WAR

*In memory of the young journalist*
*Dima Kholodov killed by a bomb*
*sent to his office in a suitcase.*

We are living as in a terrifying dream
of a Second Russian Civil War.

All Russia is split asunder,
and there's no wailing over the dead,
because for us slaughter has become
only a craft of a new profession.

Our country, full of mines,
explodes to smithereens —
someone's eye-glasses fly apart
with pupils stuck to them.

Like a bloodied ace someone's heart lies
on a velvet casino table cover,
and someone's brains
spatter the face of Moscow.

In the Second Russian Civil War
we are not sons, all just step-sons.
To young boys it is like a movie,
but one that blows children up in concert.

A child's sandal gets stuck up high
in the branches, in the poplar's fluff.
In it the foot of a seven-year-old boy
still moves its translucent toes.

Crosses of exploded cathedrals
glow in the sky like the Milky Way.
All the little crosses from veiny necks
fly up to them from prison camps and trenches.

# НА ВТОРОЙ ГРАЖДАНСКОЙ ВОЙНЕ

*Памяти молодого журналиста
Димы Холодова, взорванного
в редакции подосланной ему
в чемодане бомбой.*

Мы живем, словно в страшном сне,
на второй гражданской войне.

Раскололась Россия вся,
по убитым не голося,
потому что в сознанье вросло
убивание, как ремесло.

Заминированная страна
разлетается вдребезги на
чьи-то взорванные очки
и прилипшие к ним зрачки.

Чье-то сердце — кровавым тузом,
как на стол в казино — на газон,
и пощечиной в морду Москвы
чьи-то взорванные мозги.

У второй гражданской войны
все мы — пасынки, а не сыны.
Пацанам она вроде кино,
но взрывает детей заодно.

Босоножка застряла вверху
на ветвях, в тополином пуху.
В ней ступня малыша лет семи
шевелит еще пальчиками.

Светят Млечным Путем с высоты,
храма взорванного кресты.
К ним все крестики с жилистых шей
взмыли из лагерей, из траншей.

And the silver spur of exploded Tsar Alexander
shines alone as it soars in the clouds.
In what was his guilt? He liberated
his own assassins — lovers of dynamite.

In the Second Russian Civil War
those who write have a special price,
and death, like a tornado,
sucks in typewriters, computers and pens.

But he always appears,
that Russian boy, doomed for the cross,
because someone already crucified
writes with his bold young hand.

In the silence of his empty study
his transparent ball-pen, crushed on the floor,
is the nation's thermometer,
when the habit of killing is the common fever.

Our life became a crime without punishment
even from heaven.
Fingers with blue freckles of ink
fly apart from the explosion.

But without a pen, without a pencil,
the murdered soul can still write.
And all assassins, our own and others,
sooner or later will be punished by the pen
soaring over the clouds
even in an exploded hand.

1995

*Translated by Albert C.Todd with the author*

И серебряно светит, паря,
шпора взорванного царя
в том виновного, что от удил
всех взрывателей освободил.

На второй гражданской войне
те, кто пишут, — в особой цене,
и засасывает, как смерч,
пишмашинки и перышки смерть.

Но всегда появляется он,
русский мальчик, на крест обречен,
потому что его рукой
пишет некто распятый, другой.

В кабинете, который стал пуст,
авторучки прозрачненькой хруст,
словно градусника страны,
где привычкой к убийствам больны.

Стала жизнь преступлением без
наказания — даже с небес.
Разлетелись от взрыва в распыл
пальцы в синих веснушках чернил.

Но без ручки, без карандаша
убиенная пишет душа.
И накажет, пера не сложив,
всех убийц — и своих, и чужих,
воспарившая за облака
даже взорванная рука...

1994

# THE UNREAD "POSSESSED"

*Dedicated to the memory of Vladislav Listyev,
murdered in the doorway of his home.
Like Larry King he appeared on the TV screen
in suspenders. Dostoevsky's 1872 novel
**The Possessed** foresaw the madness that
seized Russia even then. Alexander Pushkin
was silenced by a duel manipulated by Tsarist
Court intrigues.*

She replaced stupid bores
                  with clever whores.
Her tongue has a blister
                  from mouthing "mister".
Killer-Mother Russia,
                  with herself so obsessed
she failed to read in time
                  *The Possessed.*

Sticky monsters of clay
                  in the doorway.
The worst kind of a snob
                  obeys just a mob,
this "intelligentsia" of today
                  sculpts its own killers from clay.

Killer-Mother Russia who was never distressed
by reading *The Possessed*,
need not set-up duels, but only poison with lead
in the back of the head.

Zombiezation,
stupidization —
new hobbies of our nation.
Yesterday's lackeys,
now great giants of clay, —
undeclared tsars who for anything can pay.

## НЕПРОЧТЕННЫЕ «БЕСЫ»

Заменила лишь бездарь на бездарь,
да "товарищи" на "господа"
та Россия, которая «Бесов»
не прочтет никогда.

Наши глиняные исполины
в себе чувствуют гений царя,
и убийц своих лепит из глины
наша интеллигенция.

Та Россия, которая «Бесов»
не прочтет никогда,
не найдет дуэлянтов-дантесов,
а в затылок "пришьет" без стыда.

Зомбизированно, по заказу
нам бабахать разрешено
по парламенту, по Кавказу,
по самим себе заодно.

Страх пронизывает морозный,
будто с "вальтером" в рукаве
весь разбомбленный, город Грозный
бродит призраком по Москве.

Разэкраненным быть —— это тяжко.
Кровь —— оплата экранных минут.
Ларрикинговские подтяжки
только мертвому телу не жмут.

Над могилой застыв, как над бездной,
с похмелюги в ногах нетверда,
та Россия, которая «Бесов»
не прочтет никогда.

There are no hideouts or quiet rooms.
Who will be next —
                    I don't know.
And the bombed-out city of Grozny roams
like a spectre through the Moscow snow.

Killings pay better than old-fashioned rhyme
and blood is the payment for TV screen time.
A murder can be had when desired by anyone.
Just place an order as for a steak well-done.

But Russia have you made a tragic mistake
with a contract on yourself
                            that you can't forsake?
Frozen above the grave,
                        both her own master and slave,
legs unsteady from an age-long drunken wave,
Killer Mother Russia must we concede
that *The Possessed*
                    you will never read?

1995

*Translated by Albert C. Todd with the author*

Все убийства теперь заказные,
и вокруг мокродельцы, ворье.
Ты сама себе, что ли, Россия,
заказала убийство свое?!

1995

# LATE TEARS

Animals are another kind of nation,
and not, like people, a tearful race.
Dogs cry not from drink, but even when their sober.
It's old age that squeezes tears onto their face.

So that tears of old age won't interfere,
dogs wipe their eyes with their long ears.
And could you spot a fox or a rabbit,
if your dog eyes were full of tears?

In childhood I wept splendidly, like a Niagara,
shaming with talent from time to time,
but now late tears do not burst to the surface,
I fear to break a compact that's more sacred than rhyme.

Ever more often hiding sobs in my sighs,
I've stood like a rock at funerals for years.
I've started to make deals with my eyes,
so that my eyes can make deals with my tears.

I don't want to weep, but to howl like a dog,
only the freshly painted coffin smells as though new,
and alongside this grave that has swallowed my friend,
there's no strength to cry and no strength not to.

1994

*Translated by Albert C. Todd*

## ПОЗДНИЕ СЛЕЗЫ

Животные — это другие народы
и не из слезливой, как люди, породы.
Но плачут собаки не спьяну-тверезы.
Их старость выдавливает им слезы.

Собакам глаза вытирают ушами,
чтоб старости слезы им жить не мешали.
Да разве увидишь лису или зайца,
когда твои очи собачьи слезятся?

Я в детстве шикарно рыдал, ниагарно,
порой притворялся — отнюдь не бездарно,
а поздние слезы не рвутся наружу, —
я трушу, что с ними свой сговор нарушу.

Все чаще, рыдания пряча в свой выдох,
стою, словно каменный, на панихидах.
Я стал договариваться с глазами,
чтоб договорились они со слезами.

Не плакать мне хочется — выть, как собака,
лишь вновь свежекрашенным гробом запахло,
а возле глотающей друга могилы
и плакать нет сил, и не плакать нет силы.

25 августа 1994

# CRUSHED WALRUS PUPS

Woman is female
            and man is male.
But if a male
          is a walrus,
he fights for his mate,
             who wears a shining fur coat,
which cannot be removed
             even in passion.
And she coquettishly
            observes the challenge
with her two black moist plum eyes.
Her flippers applaud
           and from her neck
a necklace of brine-drops
            falls onto the sand.

Near the Bering Straits
             I saw among the rocks
how,
     rearing up,
            with trembling rusty whiskers
and the ocean in his weathered nostrils,
a walrus
      assaulted
          a walrus.
It's far from a love affair,
when blood streams
            from their wounded sides,
when the crooked white lightning of lethal tusks
rips through their steaming hides.
Strength alone
           rules here without any rules.
Walruses waltz in the bloodshed.
And while waltzing they don't notice
             how they crush
their own pups,
          their squealing little heirs.

## ДАВЛЕНЫШИ

Я видел,
           как на Командорах,
от страсти вздыбленно дрожа,
с морской сольцой в ноздрях матерых
морж
      нападает
               на моржа.
Любовь уже не шуры-муры,
когда струится кровь с боков,
когда пропарывают шкуры
кривые молнии клыков.
Лишь сила здесь без правил правит.
Детьми моржи не дорожат,
не замечая то, как давят
пищащих жалобно моржат.
Кровавы камни-голыши,
и потому на Командорах
моржат,
        раздавленных в раздорах,
прозвали так:
              "давленыши".
Политика —
           игра без правил.
Кто —
      и в длину и ширину
так по краям всю окровавил
еще вчера одну страну?
Политики,
          держа осанку,
на лежбищах замшелой лжи
за власть дерутся,
                  как за самку,
с усами ржавыми моржи.
Но под имперскими развалинами
своих заносчивых идей
неужто бросим мы
                раздавленными
живых людей?

Politics is like the walrus' waltz.
Who spilled the blood on our map
                                now turned inside out?
The Soviet Union,
                yesterday a giant walrus,
disappeared
                like a crushed walrus pup.
A medieval madness
                        smashes our cradles.
Who are we?
                Refugees, but to where?
From the ashes of all burned-up ideas
crawls out
                the farewell squeal of crushed walrus pups.
And as in wartime,
                        shyly lining up for bread,
clutching icy coins in their frozen fists
Russian grannies again
                                are the grayest of old
gray crushed walrus pups.
Mother Russia,
                don't be our step mother.
Otherwise there is just a dead end.
Who am I?
                Just a walrus pup,
                                crushed
by your history,
                my Motherland.

1993

*Translated by Albert C.Todd with the author*

Ну как нам с этим примириться
всем нашим генам вопреки,
что больше русский с украинцем
не земляки?!
Неужто все мы впали в бешенство
и гонор стал важней стыда?
Давленыш —

это каждый беженец.
Все — беженцы,

да вот куда?
Когда мы в тех,

кого любили,
готовы всаживать ножи,
о наших детях

мы забыли...
За что они —

давленыши?
Закончились о братстве сказки
Наш бывший сказочник —

палач.
Но по-грузински и абхазски
плач —

это плач.
Средневековое безумье
разносит колыбели вдрызг,
и в Карабахе,

и в Сухуми
давленышей прощальный писк.
И по очередям России
тихонько сжав свои гроши,
вновь бабушки —

седым-седые
давленыши.
Неужто,

Родина,

уронишь
ты честь своих детей?
Кто я такой?

Я сам — давленыш
истории твоей.

1993

# EMPTY SWINGS

In Zima Junction
houses somehow sleep unquietly,
shutters fidget,
   the gates as well,
and to the mumbling of the chaff,
and the groaning of a wattle fence,
as though somewhere someone's head
is heavy from sleeplessness,
there is heard:
     creak—creak—creak...
The history of our age has been written
and we turned up in the post script,
grasping at the clumps of Russian land
that slip out of our hands.
In Zima Junction
    the night creaking is more frightening
than the creaking
     frozen well-winches of my childhood.
Above our former selves,
    above our former great state,
above the trains,
    which ran off the tracks,
for some reason a kind of vibration
      from rusty friction
whines and squeals,
    almost like a puppy.
And a fired cleaning-woman
     watches with pity
how the wind mops over
     the iron rings, rusted with hurt,
    and the ropes, worn right through,
on the swings of my boarded-up kindergarten.
This abyss of oblivion
    is my peak.

# ПУСТЫЕ КАЧЕЛИ

Как на станции Зима
что-то тихо спят дома,
ставни ерзают,
        ворота,
и под шамканье омета,
под кряхтение заплота,
словно где-то у кого-то
тоже тяжкий недосып,
раздается:
        скрип-скрип-скрип...
История века дописана.
    Мы оказались в постскриптуме,
целяясь за клочья
        из рук ускользающей русской земли.
На станции детства — Зима
        так пугает ночами поскрипыванье,
страшней,
        чем скрипели когда-то колодезные журавли.
Над бывшими нами,
        над бывшей великой державою,
и над поездами,
        которые сбились с пути,
чего-то о что-то
        дрожливое трение ржавое
скулит и повизгивает
        по щенячьи почти.
И с жалостью смотрит
        уволенная уборщица,
как ветер взметает
        заржавленные от обид
железные кольца,
        веревки, изрядно уже перетершиеся,
качелей детсада,
        который крест-накрест забит.

Creak—creak—creak...
As though the river was without fish,
the heavens without birds,
kindergarten without children.
How will we,
          Zima Junction,
survive this misfortune?
We are opening orphanages
and closing kindergartens.
This endangered tribe —
          Russian Mohicans
pours rot-gut into its glass.
Brains leak,
        hearts leak.
Creak—creak—creak...
There is a key,
(only it's hidden now,)
to a Resurrected Russia,
where the swings are not empty,
where a tiny little sandle,
          slipping off,
flies into infinity,
        longing for children.
Childless people
        turn up unnoticed at death,
and it's terrible to see
        how above the cemetery of dead ideals
the desperate wind pushes only the ghosts
of Russian children,
        who died before birth.
My people, are you dead or mortally sick?
Creak—
    creak—
        creak...

1994

*Translated by Victor Peppard with the author*

Скрип-скрип-скрип-скрип...
Будто бы река без рыб,
будто небеса без птиц
детский сад без детских лиц.
Как мы, станция Зима,
уцелеем от беды?
Открываем детдома,
закрываем детсады.
Племя русских могикан
льет красители в стакан.
Скрип-скрип-скрип-скрип...
Ключик есть,
    да только скрыт,
в ту воскресшую Россию,
где качели —— не пустые,
где летит,
    сорвавшись,
      вдаль
детский крошечный сандаль...
Бездетный народ
    незаметно окажется при смерти,
и страшно смотреть,
    как над кладбищем бывших идей
в качелях детсадовских
    ветер качает лишь призраки
еще до рождения вымерших русских детей...
Скрип-скрип-скрип-скрип...
Наш народ,
   ты не погиб?!

3 июня 1994. Станция Зима

# OUR FREEDOM

Our freedom is a miscarried baby.
Amidst this most shameful massacre
she must lean on the staff
of the peasant wisdom of ancient Russia.

Our freedom is freedom's enemy.
Mistrusting herself, hating herself,
she pays for premature birth
by bottomless bloodshed.

Our freedom is a drop out —
In this suicidal fratricide
she is an envious whore,
a bitch, a beggar with an atomic bomb.

Our freedom is a victim of herself.
Either she tells lies or can't find the right words.
She testifies against herself
when she has nothing else to say.

Our freedom cannot find her lost head.
She is a zoo of our ambitions.
Instead of the Virgin's blessed image,
she turns to us her grinning ass.

I want freedom not chaos, for myself,
for my people. I don't want the ode to freedom
again to have a tragic end.
Is freedom without a human face freedom at all?

1994

*Translated by Albert C. Todd with the author*

## НАША СВОБОДА

Свобода наша — недоносок.
Среди позорнейшей резни
ей опереться бы на посох
крестьянской мудрости Руси.
Свобода наша — враг свободы.
К себе питая нелюбовь,
за преждевременные роды
она кровищей платит вновь.
Свобода наша — недоучка.
В братоубийственном бою
она — завистница и злючка
и попрошайка с бомбою.
Свобода наша — горемыка,
то врет, а то не вяжет лыка.
Свобода — как самоулика,
когда ей нечего сказать.
Собою сбита с панталыку,
она — амбиций зоосад,
и вместо девственного лика
она показывает зад.
Хочу свободы — не разброда
и для себя, и для народа,
чтоб не была свободе ода
опять с трагическим концом.
Да и свобода ли — свобода
с нечеловеческим лицом?

1994

# KNOTTY-PINE BENCH

God is eternal, and devils are eternal,
widows are eternal in our land.
My endless war-time childhood
continues ever in me.

In the outskirts of a Siberian village
widows huddle close to us children.
Pine needles painfully jab
as they fall on lonely nipples.

Knotty-pine bench, do not tell anyone
how the war compelled longing widows
to cuddle and to kiss young boys
barely taller than women's boots.

A so-young invalid of the war
embraces his accordion
and the Milky Way of white buttons
murmurs out a melody.

"Even if the river is narrow
across it ne'er will swim a sparrow.
No matter how hard I'll try
I can't love my love after I die."

But even his fallen tears wrapped in the dust
cannot make him immortal,
and his bone-dry crutch could not give life
to even a single green leaf.

The invalid decided to change his mood
and the mood of the sad, drunken widows.
He winked to them with his only eye
and stomped out a new rhythm with his only leg.

## ЗАВАЛИНКА

Вечен Бог, и бесы вечные,
вдовы вечные в стране.
Мое детство бесконечное
продолжается во мне.

На сибирской на околице
бабы жмутся к нам с тоски.
Больно иглы сосен колются,
попадая на соски.

Не рассказывай, завалинка,
как заставила война
с пацаном — чуть выше валенка,
почеломкаться спьяна.

Инвалид такой молоденький.
Он баян вжимает в грудь,
а на нем журчит мелодией
белых кнопок Млечный Путь:

"Ни в какой реке воробушку
не поплыть.
После смерти мне зазнобушку
не любить".

Но бессмертия не выпросят
слезы, скатываясь в пыль,
и ни листика не выбросит
рассохшийся костыль.

Инвалид решил исправиться
и не вешать больше нос.
Чтобы бабонькам понравиться,
он такое преподнес:

"Ekh, again, again, again,
I hope my life is not in vain!
But even if my life's in vain,
anyway, again, again!"

Sometimes, a lonely little boy
on the arrogant streets of big cities,
I am the adopted child of that knotty-pine bench
with fresh tears of resin and widows.

In the outskirts of Siberian villages
wooden huts are empty in the evening.
People pray, cuddle and kiss
on that same knotty-pine bench.

Here with a guitar, now electrical,
a war-invalid, now from Afghanistan —
the song is the same — now very old,
but unfortunately it sounds very new.

"Even if the river is narrow,
across it ne'er will swim a sparrow.
Now matter how hard I try
I can't love my love after I die."

I found the courage to sit on the edge
of this knotty-pine bench.
I don't ask for immortality —
just to live a little bit after my death.

Death is always too early.
I'm not afraid that my death is near,
though I do fear the slow dying
of my motherland and my native tongue.

Creak, my knotty-pine bench, creak!
Save a place for our grief.
Forgive us our little sins,
but do not remit the big ones.

"Эх, ишо, ишо, ишо,
чтобы стало хорошо,
а не станет хорошо —
все равно ишо, ишо..."

Одинок порой, как маленький,
среди грубых городов,
я — приемыш той завалинки
и ее сибирских вдов.

На сибирской на околице
пусто вечером в домах,
и целуются и молятся
на завалинке впотьмах.

С электрической гитарою
афганец-инвалид,
ну, а песня та же,
                старая
эхом звезды шевелит.

"Ни в какой реке воробушку
не поплыть.
После смерти мне зазнобушку
не любить".

Я сюда присесть осмелился
не к чужому шалашу.
Хоть немножко послесмертия —
не бессмертия прошу.

Смерть всегда хоть чуть, да ранняя.
Не боюсь, что смерть близка,
а боюсь я умирания
Родины
        и языка.

Ты скрипи, скрипи, завалинка,
погрустебить нас пускай,
малые грехи замаливай,
но больших не отпускай.

You are oh so long, knotty-pine bench,
as long as Russia itself.
In our present as in our past,
again you are salty with tears.

Side by side, eternal widows
of soldiers newly slain,
like wounded birds huddle to each other
on that same knotty-pine bench.

The pain of all war-widows is ancient peasant pain.
Each war for widows is the same —
Afghan War, Chechen War, or Tadzhik War
or war anywhere.

On the knotty-pine bench,
with the hoar-frost of early gray hair,
now sit the widows of new undeclared war —
the war of Russians against Russians.

Creak, knotty-pine bench, creak!
Pray for our people,
for those already killed,
for those who will be killed.

A new Tsar with new cronies,
but widows' tears are the same.
Why can't we, calling ourselves human beings,
live without war?

Power is a dangerous trap,
inside whose steel jaws is always war.
Far dearer for me than all the Kremlin towers
is that Siberian knotty-pine bench.

1995

*Translated by Albert C. Todd with the author*

Ты, завалинка длиннющая,
тянешься сквозь времена,
и за Беловежской Пущею
вновь от слез ты солона.

Там рядочком вдовы вечные
убиенных вновь солдат,
словно горлицы увечные,
как на жердочке сидят.

Боль всех женщин — деревенская,
и война для вдов одна —
что афганская, чеченская,
что таджикская война.

На завалинке продавленной
в блестках ранней седины
вдовы новой-необъявленной
русских с русскими войны.

Ты скрипи, скрипи, завалинка,
помолись за наш народ,
и за Диму, и за Владика,
и за многих наперед.

Новый царь при новой челяди,
но все те же вдовьи сны.
Неужели мы, как нелюди,
жить не можем без войны?

Власть — опасная заманинка,
а внутри ее — война.
Мне дороже та завалинка,
чем кремлевская стена.

1995

# LOSS

Russia has lost
          Russia
               in Russia.
Russia searches for itself,
               like a cut finger in the snow,
like a needle in a haystack,
like an old blind woman
                   madly stretching her hands in fog
searching with hopeless incantation
                      for her lost milk cow.
We burned up our icons.
               We didn't believe
                   in own great books.
We fight only with alien grievances.
Is it true
         that we didn't survive
                 under our own yoke,
becoming for ourselves
               worse than all foreign enemies?
Is it true
         that we are doomed to live
                 only in the silk nightgown of dreams,
eaten by flattering-chattering moths?
or in numbered prison robes?
Is it true that epilepsy
               is our national character?
or convulsions of pride?
               or convulsions of self-humiliation?
Ancient rebellions against new copper kopeks,
against such foreign fruits
             as potatoes —
now only a harmless dream.
Today rebellion
          swamps the entire Kremlin,
          like a mortal tide.
Is it true that we Russians
            have only one unhappy choice —

# ПОТЕРЯ

Потеряла Россия
          в России
                    Россию.
Она ищет себя,
               как иголку в стогу,
как слепая старуха,
                    бессмысленно руки раскинув,
с причитаньями ищет
                    буренку свою на лугу.
Мы сжигали иконы свои.
                         Мы не верили собственным книгам.
Мы умели сражаться
                    лишь с пришлой бедой,
Неужели не выжили мы
                      лишь под собственным игом,
сами став для себя
                    хуже, чем чужеземной ордой?
Неужели нам жить суждено —
           то в маниловском,
                             молью побитом халате,
то в тулупчике заячьем драном
                               с плеча Пугача?
Неужели припадочность это и есть наш характер —
то припадки гордыни,
                      то самооплева —
                                       и все сгоряча?
Медный бунт, соляной и картофельный —
                             это, как сон безопасный.
Бунт сплошной —
           вот что Кремль сотрясает сегодня,
                                  как будто прибой.
Неужели единственный русский наш выбор злосчастный
это — или опричнина
                    или разбой?
Самозванство сплошное.
                         Сплошные вокруг атаманы.

The ghost of Tsar Ivan the Terrible?
                              Or the ghost of Tsar Chaos?
So many impostors.
                    Such imposterity.
Everyone is a leader,
                  but no one leads.
We are confused as to which banners and slogans to carry.
And there is such fog in our heads
                              that everyone is wrong
and everyone is guilty
                    in everything.
We have already walked enough
                              in such fog,
in blood up to our knees.
Lord, we've been punished enough.
Forgive us,
            pity us.
Is it true that we no longer
                        exist?
Or are we not yet born?
We are birthing now.
But it's so painful
                  to be born again.

1991

*Translated by James Ragan with the author*

Мы запутались —
чьи имена и знамена несем,
и такие туманы в башках на Руси,
растуманы,
что неправы все сразу,
и все виноваты во всем.
Мы в туманах таких
по колено в крови набродились.
Хватит, Боже, наказывать нас.
Ты нас лучше прости,
пожалей.
Неужели мы вымерли?
Или еще не родились?
Мы рождаемся снова,
а снова рождаться — еще тяжелей.

31 марта 1991

# MAMA

Ever more and more are my mother's years.
Ever less often does she get up at daybreak
to the rustle of freshly fallen newspapers,
in which there's neither comfort nor consolation.

Ever more bitter each gulp of air,
ever more slippery the floor, more dangerous than ice,
ever harder each thoughtless cruelty,
a shawl so light wraps her shoulders.

When she wanders on the street,
the snow falls on her with caution,
and rain licks her boots like a puppy,
and the wind fears to knock her from her feet.

In such uneasy times
she makes herself ever lighter and lighter,
and I'm terrified that someone
could blow her over like a feather.

How can I drain the living water then
from Mama's faint track?
Beloved, I beg you, try
to become just a little bit my mother.

1944

*Translated by Albert C. Todd*

## МАМА

Все больше, больше моей маме лет.
Все реже поднимается чуть свет
на шорох свежевыпавших газет,
в которых утешений нет и нет.

Все горше каждый воздуха глоток,
все скользче пол, опасный, как ледок,
все тяжелей, нечаянно жесток,
обнявший плечи легонький платок.

Когда она по улице бредет,
снег осторожно, бережно идет,
и дождь ей боты лижет, как щенок,
и ветер сбить ее боится с ног.

В нелегкие такие времена
все легче, легче делалась она,
и страшно мне, что может кто-нибудь,
как перышко, ее с России сдуть.

Как мне испить живой воды тогда
из маминого слабого следа?
Любимая, прошу тебя, — сумей
стать хоть немного матерью моей.

17 августа 1994

# PATCHWORK QUILT

Scrap
    by scrap
Granny put the quilt together for us
and to this day I remember the kindness
with which the quilt was endowed.
Patches gleamed with red,
                    like glowing coals,
and radiated gold,
                    like the honeyed eyes of bears,
exhaled blue,
              as do corn flowers in a field,
and darkened black,
                  like the tatters of night.
I didn't come to Siberia like the meteorite,
and was myself, in Zima's chimney corners,
sheltered from blizzards by a rainbow of patch-work,
and was myself, like a small patchwork,
                      all in tiny flowers.
Scrap
    by scrap
we somehow gathered Russia together,
sewing into her might scraps of melancholy
and into her strength
                  scraps of impotence.
False ideals ripped us asunder,
and without mercy,
              senselessly mocking our homeland,
like a quilt,
          we tear our ideals into shreds.
And above the again ravished land,
as if once more at the beginning,
once more at a crossroads,
nothing but ashes of unending holocaust —
miserable scraps of banners and destinies.
Salvation will not come down from Moscow —

## ЛОСКУТНОЕ ОДЕЯЛО

По лоскутку,
        по лоскутку
нам сочиняла бабка одеяло,
и до сих пор я помню ласку ту,
которой одеяло одаряло.
Алели лоскутки,
        как угольки,
и золотели, как медвежьи очи,
синели,
        словно в поле васильки,
или чернели,
        как лохмотья ночи.
В Сибирь попав не как метеорит,
я был и сам в зиминских закуточках
от вьюг лоскутной радугой укрыт,
и сам, как лоскуточек —
        весь в цветочках.
По лоскутку,
        по лоскутку
когда-то собирали мы Россию,
сшивая в мощь лоскутную тоску
и в силищу —
        лоскутное бессилье.
Лжеидеалы разодрали нас,
и беспощадно,
        словно одеяло,
над родиной бессмысленно глумясь,
мы раздираем наши идеалы.
И над опять разодранной страной,
как вновь до Калиты, вновь на распутьи
лишь пепел погорельщины сплошной —
знамен и судеб жалкие лоскутья.
Не снизойдет спасенье из Москвы —
Оно взойдет по Вологдам, Иркутскам.

it will rise in the heartland
>together with wheat, potatoes and rye.
Salvation will be slow,
>made of scraps
but the scraps will grow onto each other.
Farewell, Empire!
>Long live, Russia!
Rule Russia,
>but only over yourself.
Amidst our clashes, shelter the children
with a destiny,
>like Granny's quilt, made from patchwork.
To the gentle singing of the stove pipe,
I so want
>to press myself into Granny's patchwork,
so that she can sew Russia together anew
scrap
>by scrap...

1993. Written and read for the bicentennial of Zima Junction

*Translated by Albert C. Todd*

Спасенье будет медленным,
                          лоскутным,
но прирастут друг к другу лоскуты.
Империя, прощай!
                    Россия, здравствуй!
Россия, властвуй —
                    только над собой.
Как одеяло бабки среди распрей
укрой детей с лоскутною судьбой.
Я так хочу
            под пенье поддувала
прижаться в бабкиному локотку,
чтобы она Россию вновь сшивала
по лоскутку,
            по лоскутку...

1993. Станция Зима

# TEAR OF RUSSIA

Russia, you tore me out,
              like the last tear,
                    stuck in your eyes,
and now I,
          your smeared tear,
crawl down
          the unshaven globe.
I am sucked in
          by the city's lights,
as by scattered shiny Sahara sands.
I am evaporating,
          dried out.
I would like to jump down from our planet,
but where could I land?
And, probably, somewhere
          at someone's bash,
where sweaty beer cans sizzle,
I'll be trampled by those who don't see
the difference
          between tear and spit.
And you, Mother Russia,
          tender as nobody else
and, as nobody else, cruel,
very new,
          very ancient in your core,
why did you do it,
          blinking me out?
You are a coward.
          You fear to be sentimental,
but in your eyes,
          full of business,

## СЛЕЗА РОССИИ

Меня ты выплакала,
                    Россия,
как подзастрявшую в глазах слезу,
и вот размазанно,
                    некрасиво
по глыбе глобуса
                    я ползу.
Меня засасывают, как Сахары,
слезам не верящие города.
Я испаряюсь,
            я иссыхаю.
С планеты спрыгнул бы,
                    да куда?
И, может, где-то на чьем-то празднестве,
где банки потные шипят пивком,
меня растопчут,
                не видя разницы
между слезинкою и плевком.
А ты, Россия,
            такая нежная,
но и небрежная,
                как никто,
такая новая,
            такая прежняя,
за что сморгнула меня,
                    за что?
Ты трусишь выглядеть сентиментальною,
но в твои бизнесные глаза
без спросу впрыгну я с надеждой тайною,
как снова нужная тебе слеза.
Платок батистовый или ветошь

I'll jump without your permission
with my secret hope,
              that you need me,
              your own returning tear.
Your filigreed handkerchief
              or your greasy gunk,
of course, will rub me from your face,
but through your own returning tear
you will see
              your hidden tomorrow.

1990

*Translated by Guy Hoagland with the author*

меня, конечно, сотрут,
                           но сквозь
слезу вернувшуюся
                           ты увидишь
все, что увидеть не удалось...

1995

# GOD GRANT

God grant eyes be returned to the blind
and hunchbacks straighten their spines.
God grant us to be like God at least a tiny bit,
but it's impossible to be a tiny bit crucified.

God grant us not to get mucked up in power
and not to play the hero falsely,
and to be rich, but not to steal, —
if that's possible, of course.

God grant us to be an old hand,
not devoured by anyone's gang,
neither victim nor executioner,
neither lord nor beggar.

God grant fewer lacerated wounds
when a major fight is on.
God grant more different lands,
but without losing one's own.

God grant that your own country
not kick you like a boot.
God grant that your wife
love you even when you're poor.

God grant liars close their mouths,
hearing the divine voice in a child's cry.
God grant Christ be found alive
if not in man's face — then in woman's.

Not a cross — it's crosslessness we carry,
but we bend so miserably.
So that we won't lose faith in everything,
God grant, well, a little bit of God!

# ДАЙ БОГ

Дай Бог слепцам глаза вернуть
и спины выпрямить горбатым.
Дай Бог быть Богом чуть-чуть-чуть —
но быть нельзя чуть-чуть распятым.

Дай Бог не вляпаться во власть
и не геройствовать подложно
и быть богатым — но не красть,
конечно, если так возможно.

Дай Бог быть тертым калачом,
не сожранным ничьею шайкой,
ни жертвой быть, ни палачом,
ни барином, ни попрошайкой.

Дай Бог поменьше рваных ран,
когда идет большая драка.
Дай Бог побольше разных стран,
не потеряв своей однако.

Дай Бог, чтобы твоя страна
тебя не пнула сапожищем.
Дай Бог, чтобы твоя жена
тебя любила — даже нищим.

Дай Бог лжецам замкнуть уста,
глас божий слыша в детском крике.
Дай Бог в живых узреть Христа, —
пусть не в мужском, так в женском лике.

Не крест — безверье мы несем,
а как сгибаемся убого.
Чтоб не извериться во всем,
дай Бог ну хоть немного Бога!

God grant all and everything
and to everyone at once, so none will be offended...
God grant everything, but only that
for which afterwards we won't be ashamed.

1990

*Translated by Albert C. Todd*

Дай Бог всего, всего, всего,
и сразу всем — чтоб не обидно...
Дай Бог всего, но лишь того
за что потом не станет стыдно.

1990

# MONOLOG
## OF AFTER-TOMORROW'S MAN

Adam and Eve were not party-members
and all humanity this remembers.
A non-party Noah invented the ark,
and a non-party globe was born in the dark.

The devil with his repulsive leer
and his bad taste put parties here.
Politics settled inside the apple
a worm and serpent — the Devil's couple,
devouring fruit to it's very core,
leaving people wormier than before.

Politics engendered police,
and weapons, wrapped in speeches of peace.
Class-war from a butt in the streets was lit
and people into parties were stupidly split.

But were is the party of our tears,
of widows' pain and children's fears?
But where is the party of the ash's red eye,
of Gulag, Auschwitz and Mi Lai?

Someday our great-grandchildren will see
a borderless, bastardless world will be,
where all the parties forever are gone,
collapsing like ancient Babylon...

*Written in 1968*
*First published in Russia in 1990*

*Translation by Albert C. Todd with the author*

## МОНОЛОГ
## ПОСЛЕЗАВТРАШНЕГО ЧЕЛОВЕКА

Адам и Ева были беспартийные,
ковчег придумал беспартийный Ной.
Все партии с ухмылочкой противною
чорт выдумал — у чорта вкус дурной.

И, может, в сердцевине самой яблока,
как червь засела, — червь и змей притом, —
политика — профессия от дьявола,
и люди зачервивели потом.

Политика придумала полицию,
политика придумала вождей,
сочла живую душу единицею
и рассекла на партии людей.

Где партия вдовы, калеки, странника,
где партия ребенка и семьи?
Где грань меж Магаданом и Майданеком
и между Освенцимом и Сонгми?

Когда-нибудь, когда-нибудь, когда-нибудь
праправнукам сегодняшних времен
все партии припомнятся, как давнее,
как несусветный дикий Вавилон.

И будет мир, где нет калек на паперти,
и нет у власти нравственных калек,
и в нем одна единственная партия —
ее простое имя — человек.

1972

## "Under an unweeping willow..."

Under an unweeping willow
I fell into thought by the shore:
How to make my beloved happy?
Perhaps, I just can't do more?

Children, prosperity, traipsing about
to friends and movies isn't enough.
She needs me, all of me, nothing left out.
But I'm made of leftovers, a diamond in the rough.

I put my shoulders to the causes of our age
to all their slop and petrified crap,
and I left no shoulder for my beloved's rage
no place for her too cry or sit on my lap.

Giving not flowers, but wrinkles in full measure,
leaving them only life's daily refrain,
we furtively betray our loves for pleasure,
while they will betray us only from pain.

How to make a loved one happy?
What can I bring her tonight,
if the apple life gives her is wormy, not sappy,
even at the very first bite?

What is the joy of hurting them so,
hurting loved ones for no reason at all?
How to make them unhappy, we all know.
How to make them happy, we can't recall.

1981

*Translated by Albert C. Todd*

## ПОД НЕВЫПЛАКАВШЕЙСЯ ИВОЙ

Под невыплакавшейся ивой
я задумался на берегу:
как любимую сделать счастливой?
Может, этого я не могу?

Мало ей и детей, и достатка,
жалких вылазок в гости, в кино.
Сам я нужен ей — весь, без остатка,
а я весь из остатков давно.

Под эпоху я плечи подставил,
так, что их обдирало сучье,
а любимой плеча не оставил,
чтобы выплакалась в плечо.

Не цветы им даря, а морщины,
возложив на любимых весь быт,
воровски изменяют мужчины,
а любимые — лишь от обид.

Как любимую сделать счастливой?
С чем к ногам ее приволокусь,
если жизнь преподнес ей червивой,
даже только на первый надкус?

Что за радость — любимых так часто
обижать ни за что, ни про что?
Как любимую сделать несчастной,
знают все. Как счастливой — никто.

1981

### "You will love me..."

You will love me. If not at first try,
you will love me on the sly.

With a quiver of your body you will love me,
A bird flying to your window, free.

You will love me, clean or dirty still.
You will love me even when I'm ill.

You will love me famous or in mud.
You will love me battered in blood.

You will love me when I'm light or heavy like lead.
You will love me even when I'm dead.

You will love me, squeezing both hands and heart.
It's not possible on earth for us to part.

You will love me? It's madness, you can't deny!
You will unlove me. Though not at first try.

1974

*Translated by Albert C. Todd*

## ВЫ ПОЛЮБИТЕ МЕНЯ

Вы полюбите меня. Но не сразу.
Вы полюбите меня скрытноглазо.

Вы полюбите меня вздрогом тела,
будто птица к вам в окно залетела.

Вы полюбите меня — чистым, грязным.
Вы полюбите меня — хоть заразным.

Вы полюбите меня — знаменитым.
Вы полюбите меня — в кровь избитым.

Вы полюбите меня старым, стертым.
Вы полюбите меня — даже мертвым.

Вы полюбите меня. Руки стиснем.
Невозможно на земле разойтись нам.

Вы полюбите меня? Где ваш разум?
Вы разлюбите меня, но не сразу.

1974

# TAME YOUR PRIDE

Tame your pride — that is, be truly proud.
A standard — even under cover won't change color.
Don't weep, that they don't understand you, —
A time will come though when someone will.

Don't proclaim yourself. Your brilliance
will vanish, eaten away by vanity,
and the thirst for petty self affirmations
will lead only to self destruction.

Both glory and disgrace have one danger
in common — they titillate self-esteem.
Don't take a decoration for homage,
don't take spittle for a decoration.

Don't wait for sops from sugar daddies
and, stamping out greed like a pest,
don't strain to grab. He who wants all at once,
is impoverished in that he cannot wait.

Though without a stitch to your name
don't exalt yourself that you've fallen low.
Be as free as a poor man when you're in money,
never a beggar without money ever!

To envy? What could be more vulgar?
Don't count another's success as insult.
Don't envy someone else's mind in secret,
have pity in secret for others' foolishness.

Take no offense from any opinion
at the table or in an implacable court.
Don't strive for the happiness of being loved, —
know how to love, when you're not loved.

## НЕ ВОЗГОРДИСЬ

Смири гордыню — то есть гордым будь.
Талант он и в чехле не полиняет.
Не плачься, что тебя не понимают.
Поймет когда-нибудь хоть кто-нибудь.

Не самоутверждайся. Пропадет,
подточенный тщеславием, твой гений,
и жажда мелких самоутверждений
лишь к саморазрушенью приведет.

У славы и опалы есть одна
опасность — самолюбие щекочут.
Ты ордена не восприми, как почесть,
не восприми плевки, как ордена.

Не поджидай подачек добрых дядь
и, вытравляя жадность, как заразу,
не рвись урвать. Кто хочет все и сразу
тот беден тем, что не умеет ждать.

Пусть даже ни кола и ни двора,
не возвышайся тем, что ты унижен.
Будь при деньгах свободен, словно нищий,
не будь без денег нищим никогда.

Завидовать? Что может быть пошлей?
Успех другого не сочти обидой,
уму чужому втайне не завидуй,
чужую глупость втайне пожалей.

Не оскорбляйся мнением любым
в застолье, на суде неумолимом.
Не добивайся счастья быть любимым, —
умей любить, когда ты нелюбим.

Don't turn your talent into an ace of trumps.
Neither honesty nor courage are trumps.
He who vaunts his generosity is a skinflint in hiding,
He who vaunts his boldness is a coward concealed.

Don't be too proud, either that you are a fighter,
or that you are the target of the fight,
or even that you have tamed your pride,
don't be too proud — that's the end of you.

1970

*Translated by Albert C. Todd*

Не превращай талант в козырный туз.
Не козыри ни честность, ни отвага.
Кто щедростью кичится — скрытый скряга.
Кто смелостью кичится — скрытый трус.

Не возгордись ни тем, что ты боец,
ни тем, что ты в борьбе посередине,
и даже тем, что ты смирил гордыню,
не возгордись —
     тогда тебе конец.

1970

## DAMN THE PRESS

Damn newspapers —
stinking toilet paper!
Damn newspapers —
gangsters' brass knuckles!
Newspapermen,
                who the hell are you?
Are you ghosts of Goya?
You write with blood,
but only other people's.
You're accustomed
to count it a trifle,
                you self-appointed judges,
when with a typewriter
people are shot to death.
Pound in,
        with a crunch,
only a little late,
your pens,
          like nails,
into Christ's palms!
Over the pitiful dust
of those executed by slander
let the whole truth be written:
"Slain by newspapers!"
Over all the poets
who have been defamed,—
"...slain by newspapers...",
"...slain by newspapers...".

1965

*Translated by Albert C. Todd*

## ПРОКЛЯТЬЕ ГАЗЕТАМ

Проклятье газетам —
вонючим клозетам!
Проклятье газетам —
бандитским кастетам!
Газетчики,
            кто вы —
Вы призраки Гойи?
Вы пишете кровью,
но только чужою.
Считать чепушинкой
привыкли вы,
            судьи,
когда пишмашинкой
расстреляны люди.
Вбивайте,
        хрустя,
да только уж поздно,
в ладони Христа
авторучки,
            как гвозди!
Над горестным прахом
казненных наветами
пишите всю правду:
"Убиты газетами!"
Над всеми поэтами,
что оклеветаны, —
"...убиты газетами...",
"...убиты газетами...".

1965

## A BEAR GOES OUT FOR AIR

When gnats are biting a large bear to death,
its a coward with many faces
                              devouring a loner.
Gnats
        try the taste
                    of living blood,
and by the blood is forged
                          their secret union.
Through the throat
                  a natty gnat fights its way
into the guts —
                its lips are not mistaken.
On the bear's hide —
                    made out of gnats
a second hide is stirring.
Nasty gnats buzz-buzz in ears,
and climb into nostrils,
                        like into deep mines,
and into all sorts of indelicate places
they crawl,
            avenging their wretchedness.
A beak helps a bird against gnats,
but an animal,
              helplessly lowering its head,
must go out into a big river for air.
Then it's quite easy to kill him,
when it howls and wails from the itching
and, like a fifth paw,
                      the wind knocks off him
the miniscule bloodsuckers.
I too have to flee from the surly sordid gnats,
in order, far from them, to think things over,
and to hold still on a wild shore,
that's open to shots and fresh air.
Why, nasty gnat,
                after flying up from the thicket,

## ЗВЕРЬ ВЫХОДИТ НА ОБДУВ

Когда заест большого зверя гнус,
жрет одиночку
                    многоликий трус.
Гнус
        кровь живую пробует на вкус,
и кровью связан
                    тайный их союз.
Сквозь горло
                    пробирается в кишки
гнусарик —
                    у него губа не дура.
На шкуре у медведя — из мошки
вторая шевелящаяся шкура.
Гнусарики дзиньдзинькают в ушах
и в ноздри лезут,
                    как в глубины шахт,
и в разные убогие места
вползают,
                    за свою убогость мстя.
От гнуса птице помогает клюв,
а зверь,
                    бессильно голову пригнув,
к большой реке выходит на обдув.
Его тогда убить совсем легко,
когда он воем воет от расчесов,
и словно лапа пятая,
                    с него
сбивает ветер мелких кровососов.
Я тоже от гнусариков бегу,
Чтобы себя вдали от них обдумать,
чтобы застыть на диком берегу,
для выстрелов открытый и обдува.
Зачем, гнусарик,
                    ты вползаешь вновь

are you crawling once again
                            in my wrinkles?
You know your wretched little stomach
can't digest blood
                  that's fresh.
Don't affront the blue color with your itch!
All that is sordid bloodsucking
always ends in suicide,
even when its with a merry "buzz-buzz".
And I believe not in gnat life —
                           but in another,
when, after ending the bloodsucker's business,
waves of the free river
rock the bodies of the nasty high-handed gnats.

1975

*Translated by Albert C. Todd*

в мои морщины,
                    вылетев из чащи?
Ведь не перерабатывает кровь
живую — твой желудочек жалчайший.
Не оскорбляй своим зуденьем синь!
Все, что бывает подлым кровопийством,
кончается всегда самоубийством
хотя бы под веселое "дзинь-дзинь".
И верю в жизнь не гнусную —
                    иную,
когда, закончив кровопийц дела,
качают волны вольного Вилюя
гнусариков зарвавшихся тела.

1975

# EXCUSE ME, I'VE NO TIME

More terrible for people
than a sweep-net is for fish,
"Excuse me, I've no time..."
is just a twist of dead lips,

Not willing to listen
to some other's misfortune.
"Excuse me, I've no time..." —
is flung without reflection,

Let them cast, like a hardened brute,
in the judgment pen
this "no time" of yours
But o when? O when?!

1974

*Translated by Albert C. Todd*

## ИЗВИНИТЕ, НЕКОГДА

Пострашнее невода
для людей, как рыб,
"Извините, некогда..." —
мертвых губ изгиб.
Выслушают, нехотя,
ускользнут опять.
Извините, некогда
мне вас извинять.
Где тот гневный некто,
кто пробудит стыд?
"Извините, некогда..."
на костях стоит.

1974

# AND THEN WHAT?

You asked in a whisper:
"And then what?
               And then what?"
The bed was laid out,
and you were bewildered,
my incomparable one,
my inseparable one,
But when you go about the city
you bear beautifully your head,
the arrogance of your little red forelock,
and your tall, slender high-heels.
In you eyes there's
               disdain
and in them a command
                  not to lump you
together
        with that other one,
               that former one,
beloved
       and loving.
But that
       is a matter of no matter.
For me you are
           last night,
with the helplessly forgotten
little forelock knocked askew.
And what will you do with yourself,
and how could you pretend
that another woman
lay there with me whispering
and asked softly:
"And then what?
              And then what?"

1957–1975

*Translated by Albert C. Todd*

## ТЫ СПРАШИВАЛА
## ШОПОТОМ

Ты спрашивала шопотом:
"А что потом?
                    А что потом?"
Постель была расстелена,
и ты была растеряна.
Но вот идешь по городу,
несешь красиво голову,
надменность рыжей челочки
и каблучки-иголочки.
В твоих глазах —
                    насмешливость
и в них приказ —
                    не смешивать
тебя
     с той самой,
                    бывшею,
любимой
          и любившею.
Но это —
          дело зряшное.
Ты для меня —
                    вчерашняя,
с беспомощно забывшейся
той челочкою сбившейся.
И как себя поставишь ты,
и как считать заставишь ты,
что там другая женщина
лежала со мной,
                    шепчуще
и спрашивала шопотом:
"А что потом?
                    А что потом?"

1957–1975

# SELF-PITY

What's come over me?
Self pity and fear have seized hold
as though a blizzard had struck inside
and was howling in my rickety bones.

There's snow, but underfoot coals
burn me like a barefoot boy,
and not a spark of light around,
nor porch, nor door, nor face.

It's stupid to scream, to weep is stupid:
neither heaven nor earth will hear.
It's scary, not because it's become scary,
but because I feel sorry for myself.

What in the world is more shameful
than to prosper, while feeling sorry for yourself,
and, while a tourist in a leper hospital,
to sing the praises of your own head colds.

All victories are Pyrrhic,
and in the world there are no other victories.
Feel sorry for yourself? Don't go into poetry.
Whoever asks about discounts is not a poet.

All of your torments are merely a trifle,
if the earth's axis is all in your blood.
Perhaps everything was given too cheaply,
everything that was given and succeeded?

For no leprosy and no deformity
pay extra only with a broken spine.
Everything that comes too cheaply,
becomes later too costly to define."

1981

*Translated by Albert C. Todd*

## САМОЖАЛОСТЬ

Что такое на меня напало?
жалость к самому себе и страх,
будто вьюга внутрь меня попала
и свистит в расшатанных костях.

Снег, а под ногами уголечки
жгут, как босоногого мальца,
а вокруг меня ни огонечка,
ни крыльца, ни двери, ни лица.

Зряшно закричать, заплакать зряшно —
не услышат небо и земля.
Страшно не того, что стало страшно,
а того, что жалко мне себя.

Что на свете есть еще позорней,
чем, себя жалея, преуспеть
и, входя туристом в лепрозорий,
собственные насморки воспеть?

Все победы — пирровы победы,
и на свете нет других побед.
Пожалел себя — не лезь в поэты.
Скидки запросивший — не поэт.

Все твои мученья — только малость,
если вся в крови земная ось.
Может, слишком дешево давалось,
все, что и далось и удалось?

За непрокаженность, неуродство
доплати — хоть сломанным хребтом.
Все, что слишком дешево дается,
встанет слишком дорого потом.

1981

## SNOWFLAKE

The world stands exposed
in the eyes of a weary buffoon
when on a forehead fervent
a snowflake
            falls,
                    sizzling...

1969

*Translated by Albert C. Todd*

## СНЕЖИНКА

Мир предстает разоблаченный
в глазах усталого шута,
когда на лоб разгоряченный
снежинка падает,
                    шипя...

1969

### "When I see..."

When I see a petty scoundrel
all bare, just as he really is,
then to fall prey to hatred is tiresome...
It's flattery he doesn't deserve.

Perhaps, it is even dishonorable,
but from out of me to somewhere hatred
has catastrophically vanished,
replacing itself sadly with contempt.

And where are they — the worthy objects
for hatred? Where is that man
in whom there are tokens of all-world evil
and not just sheer IRS spiritual wretchedness?

Scoundrels are ever more tiresome, more business-like,
more unworthy of the Day of Judgment.
I so want someone to hate,
that I've started to hate myself.

1979

*Translated by Albert C, Todd*

## "Когда я вижу мелкого мерзавца..."

Когда я вижу мелкого мерзавца
во всей нудьбе, таким, какой он есть,
то ненавистью скушно мне терзаться.
Она — им незаслуженная лесть.

Быть может, это даже и бесчестно,
но ненависть куда-то из меня
почти катастрофически исчезла,
себя презреньем грустно заменя.

И где они — достойные предметы
для ненависти? Где тот человек,
в котором зла всемирные приметы,
а не сплошной духовный жалкий ЖЭК?

Мерзавцы все скушней, все деловитей,
все недостойней Страшного Суда.
Я так хочу кого-то ненавидеть,
что ненавидеть начал сам себя.

1979

### "Not for the first time..."

Not for the first and not for the last time
are you suffering... Calm down, busy yourself with work,
and believe — it is no better than other slavery,
to be in slavery to one's own suffering.

Not for the first and not for the last time
you were offended so unjustly.
But why did you get bogged down in self pity?
You know, only the degrading are degraded.

Suffering for show is immoral —
place the strictest ban on it.
Not for the first time and not for the last time
are you suffering...
     So why suffer?

1976

*Translated by Albert C. Todd*

## "Не в первый раз и..."

Не в первый раз и не в последний раз
страдаешь ты... Уймись, займись трудами,
и ты поверь — не лучше прочих рабств
быть в рабстве и у собственных страданий.

Не в первый раз и не в последний раз
ты так несправедливо был обижен.
Но что ты в саможалости увяз?
Ведь только унижающий — унижен.

Безнравственно страданье напоказ.
На это наложи запрет строжайший.
Не в первый раз и не в последний раз
страдаешь ты...
     Так что же ты страдаешь?

1976

### "Damn it — I'm a pro..."

Damn it — I'm a pro.
I compose a smart piece from the tears
of all those I've given the heave ho,
I fuel my pen with suffering from fears.

The shame of the poet's profession:
for a common merry review in scarlet,
rhyme a profitable confession,
to bring an other's real pains to market.

For courage a poet drinks blood of loved ones,
without the slightest evil intent,
and I hate myself for the power that comes
from words fed on an other's lament.

And you, foul stinking fame, on whose bones,
on whose hot bitter tears did you climb?
Damn you vampires of the craft of tones
based vilely on consonance and rhyme.

There's no forgiving such a profession.
Others' blood just looks like ink to some...
But now here comes the poet's first lesson —
when words are repugnant and you break the rhyme.

1978

*Translated by Albert C. Todd*

### "Проклятие — я профессионал..."

Проклятие — я профессионал.
Могу создать блистательную штучку
из слез всех тех, кого я доконал,
страданья заправляя в авторучку.

В профессии поэта есть позор
весьма доходной исповеди в рифму,
когда на общий радостный обзор
он отдает чужие боли рынку.

Кровь ближних пьет поэт, чтобы воспрясть,
без умысла какого-либо злого,
и ненавижу я себя за власть
чужою болью вскормленного слова.

А ты, паскуда слава, возросла
на чьих костях, на чьих слезах горючих?
Будь проклято вампирство ремесла,
основанного подло на созвучьях.

Профессии такой прощенья нет.
Чужая кровь лишь выглядит лилово...
Но тут и начинается поэт,
когда приходит отвращенье к слову.

1978

### "I bury a comrade...."

I bury a comrade.
This secret I keep in gloom.
For others he is still alive.
For others he's still with his wife,
for others I'm still friends with him,
for with him I go to restaurants.
I will tell no one,
no one —
        that I'm friends with a dead man.
I don't talk with his purity,
but with his impure emptiness.
And not friendship's simplicity —
emptiness holds the glass in hand.
You forgive me,
        that I don't scold you,
that I don't scold,
        but bury in silence.
Just what is this,
        just what?
No one of mine has died,
and with the passing of a few years,
already so many comrades are gone.

1957

*Translated by Albert C. Todd*

## "Я товарища хороню..."

Я товарища хороню.
Эту тайну я хмуро храню.
Для других он еще живой.
Для других он еще с женой,
для других еще с ним дружу,
ибо с ним в рестораны хожу.
Никому я не расскажу,
никому —
          что с мертвым дружу,
Говорю не с его чистотой,
а с нечистою пустотой.
И не дружеская простота —
держит рюмку в руке пустота.
Ты прости,
          что тебя не браню,
не браню,
          а молчком хороню.
Это что же такое,
                что?
У меня не умер никто,
и немного прожито лет,
а уж стольких товарищей нет.

1957

## "Suffering is tired..."

*To N. Tarasov*

Suffering is tired of being suffering
and has a serious attitude toward joys,
like an ox in a tiresome yoke
it chews the grass almost religiously.

Pain transforms into relief,
and misfortune turns into consolation,
crystallizing slowly like salt
in an already supersaturated solution.

The reasons for simple joy are simple.
A soldier chilled through knows with all his being,
how sweet is even plain boiled water
with a feathery white cloudlet above the mug.

To the non-suffering what's wonderful about roses?
But a prisoner values dearly
the dandelion he stuck in his boot
on the stony exercise circle.

And a woman drooping with misfortune,
regardless of the outcome, rushes
into the mousetrap of suffering, where
a bit of kindness is treacherously dressed.

Returning from cutting and floating timber,
exhaustion sees happiness even in slops...
And what is happiness anyway?
Suffering that just got tired.

1968

*Translated by Albert C. Todd*

## "Страданье устает страданьем быть..."

*Н. Тарасову*

Страданье устает страданьем быть
и к радостям относится серьезно,
как будто бы в ярме обрыдлом бык
траву жует почти религиозно.

И переходит в облегченье боль,
и переходит в утешенье горе,
кристаллизуясь медленно, как соль,
в уже перенасыщенном растворе.

Просты причины радости простой.
Солдат продрогший знает всею юшкой,
как сладок даже кипяток пустой
с пушистым белым облачком над кружкой.

Что не страдавшим роскошь роз в Крыму?
Но заключенный ценит подороже
на каменном прогулочном кругу
задевший за ботинок подорожник.

И женщина, поникшая в беде,
бросается, забывши о развязке,
на мышеловку состраданья, где
предательски надет кусочек ласки.

Усталость видит счастье и в борще,
придя со сплава и лесоповала.
А что такое счастье вообще?
Страдание, которое устало...

1968

# FAMETTE

I earn a salary in fame.
I earn a salary in grief,
and now they're unmanageable,
and soon they'll be quite gone.

I can see my wife is jealous.
My friends are out of sorts,
and I discover stupid rumours
about myself by chance.

They tell me I'm a twit.
I have a reputation to keep.
I try on clothes with tension,
so not to screw things up by chance.

Yes, fame is a fatal thing,
Why did I chase it like a fool?
I nod to everyone I don't know,
so they won't say: He puts on airs.

It's not even fame, just a little famette,
absolutely unnecessary and wicked,
it trots after me like a little dog,
foolishly wagging its tail.

1957

*Translated by Albert C. Todd*

## СЛАВЧОНКА

Я зарабатываю славу,
я зарабатываю горе,
и так уж с этим нету сладу
и уж совсем не будет вскоре.

В жене я ревность замечаю.
Мои товарищи не в духе,
и о себе самом случайно
я узнаю дурные слухи.

Мне сообщают, что пижон я.
Держать приходится мне марку.
Костюмы мерю напряженно,
чтобы не дать случайно маху.

Я в ресторанах не бываю,
а раньше пил я и смеялся.
Всем незнакомым я киваю,
чтоб не сказали — он зазнался.

Не слава даже, а славчонка
совсем ненужная и злая,
трусит за мной, как собачонка,
хвостом бессмысленно виляя...

1957

## "In life I only drank a lot..."

In life I only drank a lot.
I lived both up-to-date and out-of-style.
I loved, it seems, lots more than not,
but I was even loved, at least a while.

I was afraid of exclusive feeling.
though without it, I couldn't play a part.
They praised me a little, not to the ceiling,
by easy stages also broke my heart.

I make requests and I implore.
My soul screams and gives its trust —
May they and I love evermore,
let them beat me till I bust!

1957

*Translated by Albert C. Todd*

## "Я в жизни много только пил..."

Я в жизни много только пил.
Я жил и ново и неново.
Немного кажется любил,
но и любимым был немного.

Боялся я всецелых чувств,
хотя без них мне было горько.
Хвалили так себе — чуть-чуть
и били тоже полегоньку.

Я требую и я молю,
душа кричит и уповает:
пусть вечно любят и люблю,
а если бьют — пусть убивают.

1957

### "Form is also..."

Form is also content.
Fire's form is a flaming force.
Anxious neighing is spent
in the perfect form of horse.

A puffed-out cloud is laden
with the dark of a storm that's near,
and such content is hidden
in the form of a human tear!

1979

*Translated by Albert C. Todd*

**"Форма — это тоже содержанье..."**

Форма — это тоже содержанье.
Пламенная форма у огня.
Вложено встревоженное ржанье
в форму совершенную коня.

Облако набухшее набито
темным содержанием грозы,
и какое содержанье скрыто
в форме человеческой слезы!

1979

**"Extremists are alien to me..."**

Extremists are alien to me... I'm fed up with
their palpitations, their intellectual debauchery.
All this ultra-rightism, ultra-leftism
reeks of the righteous rut.

And in a world rutted in two directions,
where they strain for power with a bomb in their pockets,
salvation is neither in a zealous "Long live!"
nor in a bad-tempered, destructive "Down with!".

But between "pro" and "contra"
as though between two speeding bullets,
there's a loathsome third kind of rut —
the gutless loftiness of a zeal for keeping clean.

1972-1975

*Translated by Albert C. Todd*

## "Мне чужды экстремисты..."

Мне чужды экстремисты. Мне приелись
их трепотня, их нравственный разврат.
Вся эта ультраправость, ультралевость
рутиной одинаково разят.

И в мире, двунаправленно рутинном,
где рвутся к власти с бомбой под полой,
спасенье ни в "Да здравствует!" ретивом,
ни в злобно-разрушительном "Долой!"

Но между "про" и "контра" есть на свете,
как будто между мечущихся пуль,
рутинность омерзительная третья —
трусливая возвышенность чистюль.

1972-1975

# UNCERTAINTY

Self assurance is blissful,
but uncertainty is venal.
In a flash it covers with thin ice
the soul's hidden ferment.

I'm superstitiously uncertain.
Concealing an innermost fright,
in some things I'm too intemperate,
some things too constrained and tight.

I repeat constantly to myself:
why, why do I lie to people,
why do I play at power,
when in reality I am powerless?!

What if suddenly they catch me, like a thief,
and I, for everyone already someone different,
a fraud, a cheat, and pretender,
go off with hands behind my back?!

And the thought of this won't let
me dip my pen in ink...
Oh let me, God, be a poet!
Don't let me deceive people.

1962

*Translated by Albert C. Todd*

# НЕУВЕРЕННОСТЬ

Самоуверенность блаженна,
а неуверенность грешна.
Души подспудные броженья
подергивает льдом она.

Я суеверно неуверен.
Скрывая внутренний испуг,
то в чем-то слишком неумерен,
то слишком скован я и скуп.

Себе все время повторяю:
зачем, зачем я людям лгу,
зачем в могущество играю,
а в самом деле не могу?

Что, — вдруг поймают, словно вора,
и я, для всех уже иной,
обманщик, шулер и притвора,
пойду с руками за спиной?!

И не дает мне мысль об этом
перо в чернила обмакнуть...
О, дай мне, Боже, быть поэтом!
Не дай людей мне обмануть!

1962

## SIBERIAN CHRIST

I saw Christ for the first time not in church —
                                                but in a hut.
It was in Siberia
                in 1941,
when an old woman was praying for her son,
                        missing in action somewhere at the front,
and bowed very low to the saint on an icon,
                        who resembled a bearded guerilla fighter
                        from a documentary film clip,
to the sounds of peacefully murmuring irrigation ditches.
The old woman bowed to God the way
                                one bows to wheat
when cutting it with a sickle
                        that is sweating with dew.
The old woman bowed to God the way
                                one bows to nature
when picking milk mushrooms
                        or red whortle berries in the grass.
The old woman prayed to God
                        barely moving her lips,
and God prayed to the old woman
                        without moving his lips at all.

1979

*Translated by Albert C. Todd*

## СИБИРСКИЙ ХРИСТОС

Христа я впервые увидел не в церкви —
                              в избе.
Это было в Сибири,
                  году в сорок первом,
когда старуха молилась за сына,
                              пропавшего где-то на фронте,
и била поклоны перед иконой,
                        похожей на бородатого партизана
                        из фронтового киносборника,
сделанного в Ташкенте
                    под мирное журчание арыков.
Старуха кланялась Богу,
                      как бьют поклоны пшенице,
когда ее подсекают
                  серпом, от росы запотевшим.
Старуха кланялась Богу,
                      как бьют поклоны природе,
когда в траве собирают
                      грузди или бруснику.
Старуха молилась Богу,
                      едва шевеля губами,
и Бог молился старухе,
                      не разжимая губ.

1979

# DIGNITY

With dignity, the main thing
is to face whatever with dignity,
whether the world is stagnating
or stirred up from the very bottom.

With dignity, the main thing
is dignity, so dispensers of munificence
won't lead you to a stall
and stuff your mouth with hay.

Fear of time is degrading,
don't waste your soul on cowardice,
but prepare yourself for the loss
of everything that is terrible to lose.

And if everything gets smashed up
in ways impossible to predetermine,
tell yourself this tiny thing:
"And this too must be endured..."

1976

*Translated by Albert C. Todd*

## "Достойно, главное, достойно..."

Достойно, главное, достойно,
но пережить все времена,
когда эпоха то застойна,
то взбаламучена до дна.

Достойно, главное, достойно,
чтоб раздаватели щедрот
не довели тебя до стойла
и не заткнули сеном рот.

Страх перед временем — паденье,
На трусость душу не потрать,
и приготовь себя к потере
всего, что страшно потерять.

И если все переломалось,
как невозможно предрешить,
скажи себе такую малость:
"И это надо пережить..."

1976

# TEETH

Any attempt,
     when it gets to be a life sentence,
          is torture.
In so many attempts
     I embraced the world desperately,
once again gave it a try,
     nourished myself on callous hope,
but it became so stale
     that I broke my teeth.
And I learned,
     as though on mildewed beef-jerky,
as if on mouldy crust,
     at times similar to love,
to nourish myself on hope
     that was almost wholly imagined,
with the help of imaginary
     former teeth.
In formerly sharped-toothed people I noticed a peculiarity
which isn't peculiar at all —
civic anger
     has been cowardly turned into sour grapes,
by spiritual rapes,
     and Watergate tapes.
And I am horrified,
     by that most deadly danger,
that I will become one of the saviors
     of personal backsides,
that I will become a toothless relique
     of former toothiness,
and I will bow down
     to the pullers of teeth.
Then I traced my fingers
     over my jaw,
     as over a piano.

# ЗУБЫ

Попытка,
      когда она стала пожизненной, —
                        пытка.
Я в стольких попытках
                отчаянно мир обнимал,
и снова пытался,
              и черствой надеждой питался,
да так зачерствела она,
              что я зубы себе обломал.
И я научился,
           как будто бы воблою ржавою,
как заплесневелою коркой,
              сходящей порой за любовь,
питаться надеждой,
             почти уже воображаемой,
при помощи воображаемых
                  прежних зубов.
Я в бывших зубастых заметил такую особенность,
в которой особенности никакой —
гражданскую злость
              заменила трусливо озлобленность,
и фигокарманство,
             и лозунг скопцов:
                “А на кой!”
И я ужаснулся,
           как самой смертельной опасности,
что стану одним из спасателей
                личных задов,
что стану беззубой реликвией
              бывшей зубастости,
и кланяться буду
           выдергивателям зубов.
Тогда я прошелся,
           как по фортепьяно,
                по челюсти.

They stole my wisdom tooth.

Only a jagged piece remains.

But you know —

all the molars are whole and healthy,

and I don't recommend

sticking your hand in my mouth.

1982

*Translated by Albert C. Todd*

Зуб мудрости сперли.

                Торчит лишь какая-то часть.

Но знаете —

        все коренные пока еще в целости,

и руку по локоть

          мне в рот не советую класть...

1982

# AFTERWORD

## THE HINT OF SMOKE

Do you remember, Geoff, how we slept in your jeep,
Inside the hissing of the Australian desert
As inside an hourglass?
Probably, each grain of sand in the world
Sees its own particular dreams.

And the red-hot jeep dreamed it became a motor-boat
Swimming in the deep ocean
And waves caress and fishes tickle
Its slowly cooling flanks.

And near the tires, grumbling discontentedly,
The camp-fire, starving for wood,
Was dying, and it was dreaming
That it became a bush-fire
In revenge for its own short life.

You were sleeping, grey hair snuggling the wheel,
Yet young grey hair, and a little bit blue
In the light of the moon, — cool observer of the hot land.
And, on your locked lips,
Like children former kisses were jumping.

And near me, in the back of the jeep,
Slept your ten year old daughter
Pushing me in her dream with her elbow,
As if it were a little apple
Warm from the sun sucked by sands.

And somewhere, invisible dingoes were howling,
As if they prophetically guessed
That with you and me there will happen
Something, afterwhich it's impossible not to howl.

# ПОСЛЕСЛОВИЕ

## ЗАПАХ ПОЖАРА

Ты помнишь, Джеф, как мы спали в джипе
внутри австралийской шуршащей пустыни,
как будто внутри песочных часов?
Наверное, каждая в мире песчинка
видит свои, отдельные сны.

И раскаленному за день джипу
наверное, снилось, что стал мотоботом,
что он купается в океане,
и волны ласкают, и рыбы щекочут
его остывающие бока.

А возле колес, ворча недовольно,
костер умирал, недокормленный нами,
и снилось ему, что он стал пожаром
и нам за короткую жизнь отомстил.

Ты спал, к рулю седину прижимая,
еще молодую и чуть голубую
от наблюдавшей за нами луны,
и на губах твоих, словно дети,
прыгали бывшие поцелуи,
которые снились той ночью тебе.

Рядом со мной спала твоя дочка,
толкая меня во сне локотком,
как будто маленьким яблоком, теплым
от солнца, всосанного песком.

А где-то невидимо выли динго,
как будто пророчески угадали,
что и с тобой и со мною случится
то, от чего нельзя не завыть.

And now, we find ourselves in a different desert,
In the desert of envious indifference,
Where, in each grain of sand
There's still alive the soul of Salieri,
And by night they don't murmur, they screech,
Trying to suck in everything alive.

And now in my dreams I see you
In your Australian home around which
Fire is walking, like an animal
Jealously hating everybody
And greedily licking its lips
With thousands of red tongues.

Do you know, Geoff, what friendship is?
Probably just nostrils, sensitive for a hint of smoke
Of the bush-fire, which on soft paws
Is walking around the defenseless house
Where your defenseless friend is sleeping.

1995

*Translated by Geoffrey Dutton and the author*

И мы оказались в другой пустыне,
в пустыне завистливого равнодушья,
где в каждой песчинке душа Сальери,
и ночью они не шуршат, а скрежещут,
пытаясь в себе все живое всосать.

И снишься мне ты и твой дом австралийский,
вокруг которого ходит огонь,
как будто облизывающийся жадно
тысячами языков багровых
от зависти всех ненавидящий зверь.

И знаешь, Джеф, что такое дружба?
Наверное, ноздри, чуткие к дыму
пожара, который на ласковых лапах
ходит вокруг беззащитного дома,
где крепко спит беззащитный твой друг.

1995

# FINAL JUMP

Izrael Borisovich Gutchin
was not so strong even as a teenager,
but he tore his chest open on a tree trunk
and ate his fill of pine needles
when he parachuted
behind enemy lines.

Then he ended up in obscurity,
a computer specialist unneeded by those in power.
The disarmed condition of former soldiers —
unneeded, unwanted, unused
in a country saved by their blood.

Then on a typewriter he tapped out
dozen of popular science brochures,
but this didn't matter to the country.
He helped to record in regal fashion
the memoirs of Pasternak's aging beloved,
and thirsted for at least minor punishment,
but all the plank-beds for dissidents
were long since filled.

And perchance because of tangled
shroud lines at one time shot to tatters,
he leaped, but without a parachute
onto a skyscraper in America.

But what sort of skyscraper? —
a midget of only eleven stories,
but here, in modest tiny apartments
the front-line dug-out spirit is alive.

For former Russian soldiers and sailors
the final trench is in the USA.
Of their sacred battles a scratchy record from Odessa
sings hoarsely and unhurried.

## ПОСЛЕДНИЙ ПРЫЖОК

Израиль Борисович Гутчин
и в юности не был могучим,
но грудь ободрал о стволы,
и хвойных накушался игол,
когда с парашютом он прыгал
во вражеские тылы.

Потом оказался он в нетях,
ненужный властям кибернетик,
не очень-то, в общем, в цене.
Вот бывших солдат безоружность —
ненужность, ненужность, ненужность
в спасенной их кровью стране.

Потом на машинке начпокал
десяток брошюр научпопных,
но было стране все равно.
Помог записать мемуары
стареющей царственно Лары,
и жаждал хоть крохотной кары,
да все диссидентские нары
заполнены были давно.

И, может быть, от перекрута
простреленных некогда строп
он прыгнул, но без парашюта
в Америку, на небоскреб.

Да где небоскреб? — небоскребик
в одиннадцать лишь этажей,
но здесь, в квартиреночках скромных
жив дух фронтовых блиндажей.

And there on a bookshelf
inside unforgotten lines
is a ticket to a Yevtushenko concert
like a pressed wilted petal of "the thaw".

We still haven't finished suffering everything,
but in these, anything but palaces, places
medals of victory ring
in so many broken hearts

All the Harvards couldn't count
the soldiers of emigré divisions.
A woman's cry: "Well where are you Izzy?
You're not really on the roof again?"

On the roof, wrapped in clouds,
he stands, blaming no one,
Izrael Borisovich Gutchin —
savior of his country and of me,

as though tormented by a foreboding —
that rockets will broach the sky,
and a from the partisan woods
a parachute will come for him...

1995

*Translated by Albert C. Todd*

Для бывших солдат и матросов
последний окоп — в США.
Про камень заветный Утесов
поет с хрипотцой, неспеша.

И есть на одной этажерке
внутри незабывшихся строк
билет на концерт Евтушенки,
как оттепели лепесток.

Еще мы не все отстрадали,
но в этих, совсем не дворцах
звенят за победу медали
на стольких разбитых сердцах.

Бойцов эмигрантских дивизий
всем Гарвардам не подсчитать.
Крик женский: "Ну, где же ты, Изя?
Неужто на крыше опять?"

На крыше, закутанной в тучи,
стоит, никого не виня,
Израиль Борисович Гутчин,
спаситель страны и меня.

Как будто предчувствье терзает —
что небо ракеты прошьют,
и что из лесов партизанских
за ним прилетит парашют...

1995

# MIXED-UP TAGS

In the Baku maternity ward the old nurse,
without guile, told the pogrom bullies:
"Get back! I mixed-up all the ID tags...
Now you can't tell who are the Armenians..."

With bicycle chain,
knife, part of brick,
the pogrom gang sullenly retreated,
snarling a suppressed: "Traitor!"

And behind the old woman's back, without sadness,
to their good fortune, seeing the world in reverse,
the nation of babies squealed uniformly,
not knowing at all, who was what nationality.

Any one of us is a mosaic of blood drops,
a Jew is almost an Arab, an Arab a Jew.
And when someone is soaked with another's blood,
he's a fool if he can't see it's his own.

We come from a common nursery, not a test-tube.
Long before these crazed axes,
God mixed-up all our ID tags,
and any pogrom is self-massacre.

Our common God, save from bloody squabbles
the children of Allah, Buddha and Christ,
mixed-up in their cribs by that nurse,
like life and beauty, without ID tags.

June 26 1995

*Translated by Albert C. Todd*

## ПЕРЕПУТАННЫЕ БИРКИ

В Баку старушка-нянечка родилки
погромщикам сказала не в обман:
"Назад! Я перепутала все бирки...
Теперь вам не узнать — кто из армян..."

И кто — с велосипедными цепями,
кто — с финкой, кто — с обломком кирпича,
погромщики угрюмо отступали,
"Предательница!" — сдавленно рыча.

А за спиной старушки — без печали,
к их счастью, видя мир наоборот,
народы одинаково пищали,
совсем не зная — кто какой народ.

Любой из нас — мозаика кровинок.
Любой еврей — араб, араб — еврей.
И если кто-то в чьей-то крови вымок,
то вымок сдуру, сослепу — в своей.

Мы из родилки общей, не пробирки.
Бог перед сумасшедшим топором
нам до рожденья перепутал бирки,
и каждый наш погром — самопогром.

Наш общий Бог, спаси от свар кровавых
детей Аллаха, Будды и Христа,
той няней перепутанных в кроватках,
безбирочных, как жизнь и красота...

26 июня 1995